眾生

AHEESA

宇宙靈訊之——神展開

王郁惠、張景雯 著 繪

目錄

3 蛻變 149

4 麻瓜媽媽敬神錄（郁惠部） 201

5 每一個我們 279

【推薦序二】

在困境中展現向上的能量

天語翻譯人　貫譽

書中的母女，活脫脫地互為靈魂夥伴，契守共同經歷人生困頓的靈魂合約，活出紮根與實務的生命旅程。

許多關於傳訊人的影片、書籍在坊間傳頌，但鮮少見到以自身奮鬥與對峙病魔的架構為基礎的著作。兩位作者所反應的情緒與驚恐，非常寫實的表現出處於困頓中之人的感受，然依舊仰望著神聖指引。

雖然與母女透過療癒而有所接觸，但是看過書中內容才明白，這本書的主人翁經歷了些什麼過程。有趣的是，由於參與《看不見的台灣》紀錄片與天語翻譯，委實看過不少有趣的人，有些想要傳訊、通靈，卻因而拒絕了一般性的日常生活，只求能夠連結到訊息的源頭，至於所求如願與否，各自心中非常清楚。這對母女在辛苦的生活中戮力修持，正巧符合了所有傳訊的高靈在呼籲的宗旨：呼喚人們眞實的經歷人生，從中獲取智慧的結晶，然後用以協助人群從蒼茫中打開一條路徑，顯化、實修、印證。

對作者本身的受苦心路歷程，在經歷的當時是非常困頓的，而自我昇華的發生卻也因此更顯出意志力的強度與光明，當然也如實表達出昇華之路正在ing之中。

這本書是彰顯「自我療癒」的重要範本，當然也可以在自我追求「靈性經驗」的旅程中，表達一位靈通人士如何從普羅大眾的一員成爲「自我引導」的源頭。

僅以此序祝福天下間「渴望」接軌訊息源頭的人們。

【推薦序二】

生命找到自己的道路～

法國高等研究 宗教學博士／人間魚品牌創辦人 許麗玲

時間過得眞快！十幾年前第一次見到雯雯（張景雯）時，她年約四、五歲，大大的眼睛，是個靈氣十足、活潑可愛的小女孩，一轉眼她已十九歲。

雯雯的媽媽小惠導演也是我多年的好友，三年前聽她提到自己想拍的電影，接著又聽說她已找到資金，直到片子快上映，我和小惠終於有時間見了面，除了談她一路創作的艱辛之外，她也提到雯雯生病了。

我很難相信「重度肌肉無力症」這個罕見疾病會發生在活潑、喜愛運動的雯雯身上。

記得那是個週末傍晚，我和小惠及雯雯約好在她們住家附近一起吃晚餐。那頓飯，我看到雯雯艱難地用了半小時吃三口飯，其餘的全部打包回去「慢慢吃」。

雯雯向我一一說起她的發病的過程，年輕的她帶著孩童般純淨的語音，娓娓道來她在公車上或在校園跌倒，或是明明肚子很餓，但是連吞嚥一口食物都得花上洪荒之力的困境。

我被雯雯的純眞感動！我想這孩童般純眞的內心將會是雯雯生命中最眞實、最堅強的力量！

走路跌倒、吞嚥困難、動作遲緩……，這些突如其來的症狀最後成了雯雯每天的日常。西醫確診爲「重度肌肉無力症」之後，剩下來能做的就只是定時服藥，讓生活勉強跟上，但是患者的身心狀態及生命品質就不是西醫考量的範疇了。

小惠導演是個多材多藝的女子，她的家族有著傳統五術（山醫命卜相）的背景，雖然她沒有接這些傳承，但是無論是東西方的星相命理，她很容易就能了解其中奧妙，並且加以運用。這幾年來她以無比的毅力堅持拍出一部電影，更是令人敬佩。

書中小惠導演自己說是一位「失格的母親」，這眞的是心疼女兒的身體狀況而產生的自責！認識小惠多年，女兒雯雯的任何狀況都是她最關切的，這一回也是！小惠帶著雯雯遍求醫者，西醫給的答案都不是樂觀的，於是小惠開始尋找其它的治療管道，小惠對於傳統的民間宗教不陌生，這一回她帶著雯雯從接觸民間信仰中的通靈者開始，進而與新時代（New Age）信仰中的「高靈」銜接，母女倆人一起進入高靈們的訊息接收與解讀。

這樣的內在道路與其說是來自靈界，不如說它來自生命本身！

幾天前爲了寫這篇序，和小惠及雯雯又見了面，我們至少有半年多沒見了，而這半年多來，雯雯也正密集地和「高靈們」的訊息接觸。

這回看到雯雯，發現她比幾個月前眞的進步了許多，首先是眼神中的靈氣重新回到這孩子身上了，這可以說是一個重要的指標，那代表雯雯沒有失去自主，而是往內在挖掘更深。

再者，雯雯的身體明顯地更靈活了，之前她爲了吃兩小口飯需要花上二、三十分鐘，而今，一頓飯時間雖然她的動作和我們比起來是緩慢許多，但是也能吃下一般人一半的飯量了。

因爲重度肌無力症的藥物對雯雯產生極大副作用，所以雯雯沒有依靠任何西藥。發病至今數年，原本以爲這病情只會一路加劇，但是，現在發現往內在找到的力量可以改善生理上的肌肉無力。我只能說，這孩子的純眞、善良加上她媽媽帶著她往內在尋找，讓生命找到自己的力量！

雯雯因爲這個生命的大考驗，她和大自然的連結也越來越深，她會關心地球越來越熱、森林、河、海的污染問題……。這些問題或許對於我們而言，只是新聞報導的內容，但對雯雯而言，海豚的生態或是北極熊的棲地遭到破壞和她的身體遭遇到問題是同等的眞實與份量！！！

雯雯和小惠導演的這本書只是個開端，期待未來有更多關於大自然與地球的訊息能夠透過雯雯的筆被世人得知！上帝關了一扇門，一定會有其它的門也同時打開！小惠和雯雯這對母女沒有被罕見疾病給擊倒，反而用文字眞心與世人交流，因考驗而生出力量與智慧，正是生命的奧妙所在！

【作者序一】

答案從來只在你之內，不在你之外

王郁惠

人生，如果平凡一點，會不會過得好一點？我沒有答案，也或許，永遠不會有答案。

現在來說個故事。

一個可愛的兩歲小女孩，參加了一場別開生面的戶外婚宴，當時搭建了一個臨時舞台，請來了當年最火紅的歌星，唱了首「葡萄成熟時」。小女孩非常喜歡台上唱歌的大姐姐，被她的神采所吸引，在沒有任何大人看管的情況下，小女孩走向舞台，伸出可愛的短短小手，欲跟大姐姐握手，沒想到歌星真的蹲了下來，也伸出手握住了小女孩。

此刻，魔幻時間靜止。

當下，小女孩立誓長大成爲一位人見人愛的大明星。

當然，世上所有故事都是事與願違的，小女孩的誓約如是。

雖然她並沒有改變志向，也如願考上藝校，但在求學的過程中，她知道自己遠不如其他更亮眼的同學，或許走幕前略顯牽強，於此同時，她亦發現世上有個更有趣的志業，叫做導演。所以，她下定決心改修電影，心中對自己的盟約，從幕前轉成了幕後。

只能說，她是個堅持的人。畢業後的她，開啓了幕後人生，一做便是十年。從演員管理、服裝助理、場記、助導一路做到副導，每一份工作都成了她的養分，跟著世界知名導演拍電影，心想夢想該是離自己越來越近了吧！

一九九九年夏天，在日本拍戲的她，得到日本製片的激賞，告訴她：「惠桑，若妳有劇本要拍，我們日方願意投資妳。」

就這樣，她滿心期待地回到台灣，正要開始策劃人生中的新電影，但竟在此時發現自己懷孕了，而正因拍片太累，已有落紅流產跡象，她恐慌地將手放在微凸的肚子上，卻聽見寶寶在跟她說：「媽媽，請把我生下來吧！若妳不生，那妳這輩子都不會再有小孩了喔！」

這個聲音如此清晰，像是一種明白的召喚，她內心非常地猶豫，但最後還是決定聽從心內的聲音，毅然決然，離開了電影圈……

為了養活孩子，她開始想辦法賺錢，進了當年剛開台沒多久的購物台，做一個很奇特的職位，專職賣宗教命理類的老師。原因很簡單，從小她就是在神佛面前長大的孩子，家學淵源如此，各式算命靈學專長難不倒她，更何況她學的是戲劇，面對鏡頭也不成問題，重點是這份工作可以養活唯一的女兒，於是一做又是十年。

十年過去了，雖然有錢可以讓孩子吃飽穿暖，但自己的身體卻也漸漸出了問題。

她因子宮肌腺瘤導致嚴重貧血，半年內就醫輸血三次，後又因肌腺瘤一定要開刀割除，在奄奄一息的住院期間，她才發現一個致命的眞理：母親在她十歲時因意外過世，她爲此傷心了三十年，那爲何，自己要讓女兒承受一樣的痛？

躺在病床上的她，默默許下一個誓願，如果老天爺這次讓她好起來，就一定會去完成那個曾經被深埋的夢，她要回去拍電影，且一定要完成！而這次的誓願，並不似小時候許願那樣簡單，而是一個要用生命去證明自己一定做得到的誓願。

她辭職了，又從螢光幕前退到了幕後，開始著手寫劇本，而一寫就又是兩年半。兩年半的時間，說長不長，說短不短，但足以嚇壞一般人，因爲在毫無收入坐吃山空的情況下，開始每天以泡麵果腹的人生。所以後來許多人問她如何保持良好身材？她多次只差沒脫口而出，是餓出來的。

找資金眞是台灣導演的惡夢。她曾公開讚賞所有爲自己夢想發聲的台灣導演，他們是何其偉大。因爲就投資論，台灣的現狀是個內需不足以支撐一部電影回收的市場，每一部上億的電影都不一定保證回收了，更何況一般的電影？所以所有不怕辛苦努力籌資的導演們，第一課是要先學會如何卑躬屈膝，並且不保證日後眞能揚眉吐氣。

終於，她找到了錢，電影得以順利開拍，以爲惡夢就此結束，但可怕的正在來臨。此時，電影的財務控管、資金來源出了問題，她必須獨自扛起數百萬的債務。於此同時女兒生病了，被宣判得了沒救的罕病。蠟燭兩頭燒的她，眞是靠自己的超強意志力苦撐下來的。

但她清楚地告訴女兒：我們沒有放棄的資格，因爲放棄最簡單，但媽媽不會放棄的。再苦再累，再多的考驗，都只是要看你能不能過關，這是上天給出的陷阱題，不要上當。但有考題，就一定有答案，既然我們已經在黑洞裡了，就只能奮力向前爬行，沒有別條路了，只要還在爬，就代表離出口越來越近了……

二〇一八年底，她開始帶著女兒靜坐，想要尋找答案的心還是如此炙熱，或許這份眞摯眞的感動了上天。就在女兒靜坐的第二十天，居然通靈了。女兒通到宇宙源頭阿一沙的訊息，漸漸學會自療及自救的方法，並且知道自己的身體狀況跟地球母親同頻，所以治療自己也等於療癒了地球媽媽。

阿一沙還說，祂希望所有人類快快覺醒，大家都要加入這班飛向新地球揚升的列車，現已迫在眉睫，我們每個人都有責任，我們每個人也都能做到！這個時代太重要了，每個讀到此書的朋友也都太重要了！世上沒有巧合，一切都是最完美的安排。

如果連一個毫無靜坐通靈經驗的十九歲女孩都能做到，並改善了醫生醫不好的病了，更何況健康的一般人？而如果你剛好也在生命的困頓中走不出來，並且一直想找到答案的話，那麼這本書更適合你，答案從來只在你之內，不在你之外。靜坐就是一個向內尋求解答的最佳方法。

加油！讓我們一起爲了地球媽媽而努力！也爲了迎接你人生中下一個奇蹟而努力。雖然或許你我是陌生人，但請相信，看完此書，那個界線會消除，你跟我只會變成「我們」。

此處沒有別人，沒有別處，只有合一的我們。

相信你看完我曲折坎坷的小自傳之後，就會覺得老天爺對你還算公平！哈哈！而如果連我這樣的故事都無法激勵到你的話，那麼請你一定要好好靜坐，自己去找到阿一沙，相信祂會告訴你答案的！但無論如何，請不要放棄，因爲生命眞的太可貴又太可愛了！

僅以此書，獻給困在難關中，久久走不出也找不到生命解藥的朋友們。相信你讀完本書一定會看見，那個黑洞的底端，只有愛和光明！讓我們一起加油，好嗎？

【作者序二】

考驗的出現，只是讓你擁有過關的機會

張景雯

這是一本十九歲青少年的奇幻故事，一個不平凡的人生。

我擁有許多才藝的天賦，從小就是音樂班，會十種不同的樂器；也曾經在小學二、三年級接連開過兩次畫展；而我最喜歡的，是用身體去體驗各式各樣的「運動」，常在運動賽事中看見我的身影，拿到獎牌也是家常便飯，所以立誓長大後要成爲一名運動員。

但這部美好電影，到十五歲那年，直接驟變成一部恐怖片。

國中畢業後，身體巧妙地改變，從第一次手無法抬高刷牙，漸漸地來到腳斷電，直接撲街。後頭最可怕的是喉嚨緊閉，讓我無法進食，餐餐噎到，挑戰人類極限，稱之爲「絕命終結餐」。當然喉嚨也掌管一項重要任務——呼吸，時常毫無預警地無法呼吸，瞬間把我從人間拉到地獄。這些狀況都只換得海浪般的恐懼，一波接著一波，無聲地打到十層樓高，呑噬著我。

二〇一七年我被確診爲「重肌無力症」。

我只能默默地祈求，乞求老天的仁慈，乞求活著的權利，乞求好起來的奇蹟。

所以一路生病途中，總在最危難危急之際，出現了幾位大師級的浮木即時將我救起，在此特別感謝許麗玲老師、筧立仁波切、楊忠穎老師、貫譽老師、小瑜老師、紀雲深老師、Linda J. 老師、每位親愛的家人們，以及總是在身旁拉起我的媽媽。眞心感謝你們，沒有你們的幫助，不會有這本書的出現，而我現在也可能只是個無能爲力的殭屍而已。

但在邁入二〇一九之前，我還是時刻危險，無法從這病的夢魘逃離，就在沒有選擇的情況下，老天似乎打開門縫，使光透出。

在二〇一八年十二月四號，我誤打誤撞地闖入了阿一沙靜坐之旅。

祂說：「孩子，我是阿一沙，來自源頭的聲音，你準備好展開這趟驚奇之旅了嗎？」

此後我就被祂一步步帶領，像顆洋蔥般，一層一層慢慢剝去所有的問題，開始學習不要自責，並重新學會自愛，再展現包容，回歸眞實的自己。

後來開啓宇宙的奇幻之旅，阿一沙帶著我直通列木里亞、凱亞星，以及未來的天狼星，但其實所有星球都在訴說著一件事——地球的重要性。

我們人類的家「地球」，正面臨一個非常時期，她必須蛻變爲新的樣貌，成爲新地球，但這個晉升並不只是她隻身一人，上頭乘載著各式各樣的生物，使她無法順利轉化，尤其是有七十七億人的我們，更爲重要，人類就是成敗的關鍵。

現在就是一個選擇題，在這座天秤的中點，你會如何抉擇？是繼續破壞她？還是跟著她一起提升？

最終我也才了解，每次的跌倒都不是意外，而是安排好的扎實學程，老天會看著我們重新站起的那一刻。

於是在二〇一九年三月，阿一沙要我開始寫書，祂也給了一個期限，在三個月內必須完成。這下讓我很掙扎，從沒寫過長篇文章，作文也從沒拿過高分，而且時間還如此緊迫逼人，最懊惱的是爲何要把生病之事公諸於世？阿一沙祢是不是挑錯人了？

不過想到之前我答應的「海豚」，必須在期間內解救牠們。時間眞的不夠，我們只剩兩年的時間，可以連署並眞的將牠們送回大海。

所以我不能坐以待斃，現在就算我的身體沒辦法動，但至少頭腦還能運作，深呼吸，拿出勇氣，嘗試人生頭一本書的寫作。

但寫作眞不是我的天賦，過程可謂跌跌撞撞，好幾次都想作廢放棄，幾回都必須由媽媽與阿一沙把我拉回，鼓勵著我，才奇蹟似的完成這部作品。

完成了文字部分，有種放暑假的感覺，心想可以喘口氣了，沒想到阿一沙又要求我們自己完成所有的插圖，於是第二則考驗接續而來，十天內必須畫完十張圖。

我知道很多人可能會認爲這並不困難，尤其是學過畫畫的我，但此時已不像兒時能緊握畫筆，運用靈活的手腕，自由揮灑，現在必須站著支撐，依靠整隻手臂的僵硬肌力，執筆繪畫，或者挑戰非慣用手的能力。

感謝有媽媽共同創作，才得以有這次的「奇蹟」。

最後我想說，雖然這不是一本文采豐富的書，但卻是我驚奇人生的扎實紀錄，從脆弱中站起，再放膽踏出這浩瀚無邊的美妙世界。

希望從故事當中，能給予你們一些收穫。考驗的出現，只是讓你擁有過關的機會。謝謝你們！謝謝阿一沙！

1

與悲共鳴

表示為媽媽撰寫

表示為女兒撰寫

失格的母親

二〇一八年四月二十五日凌晨四點，我因爲一個噩夢驚醒了……

夢中的我，正抱著十八歲的女兒，一路狂奔著，想找人救她。夢中的她形似骷髏，只剩下皮包骨的骨骸，相當嚇人。因爲她死了，所以我在夢中爆哭了出來，跪在地上問著上蒼爲何要帶走我的孩子？爲什麼？爲什麼？爲什麼？求求您救救我的孩子啊！求求您救救我的孩子啊……嗚嗚嗚……

我哭著張開眼，嚇出一身冷汗，眼角的淚卻沒有因爲驚醒而停止，心跳一百二與流淚的速度齊頻，他們是約好來嚇我的吧！

夢，可以不要這麼眞實嗎？

灰藍微亮的天際線提醒了我，此刻的自己正處在大陸山西的五星級飯店。身爲一個導演，我正受邀參加第十屆兩岸電影節，我的首部電影《有一種喜歡》是開幕片，昨晚盛大的歡迎晚宴一路忙到凌晨，半夜亦興奮得睡不著在努力修片，修到零時三點，知道一早就有重要會議，一定得趕緊休息，才迷迷糊糊睡著，沒想到，竟被這種幽靈般的夢魘驚醒。

是的，這一切都如此矛盾，一個看似光鮮亮麗的中年女子，內心卻有著最深沉黑暗的恐慌，別人是看不出來的，因爲這一切，是如此複雜而難以言喻，像極了一齣荒謬劇，像極了腐木雕成的娃娃再塗上粉色亮漆。

別人眼中的我，只能看到美好的一面，王郁惠，四十多歲，看起來狀態保持良好，走在紅毯上，每人只爲我冠上一個美魔女導演的稱號，這個稱謂並不好端，因爲充滿嘲諷，而我選擇不應，卻依舊聽得見那綿延不絕的嘻笑：看她，身邊圍著明星，粉絲簇擁，記者採訪，人生中的第一支長片，就獲得不錯的成績，雖然許多的負評，但這導演像是把耳朵關上般，臉皮加厚，也就聽不見自己有多糟了吧！人生嘛！何必太在意？……其實，我不是聽不見，而是選擇不聽，若我眞的上心了，影響到我的信念，或許，人生只剩帶著女兒一起走這條路了吧！應該說，如果我眞的這麼做了，那些說我云云的聲音，也只不過多了一口嘆息。爲了他們，值得嗎？

因爲，我只是個失格的母親。

無助的女兒

我是張景雯，今年十九歲。在這短短十九年裡，卻過了不平凡的人生……

從小一直被滿滿的愛包圍著，擁有世界上最棒的家人，還有一個四肢靈活的身體，熱愛音樂與美術，而且體育是最拿手的科目。

原本以爲美好人生朝我迎來，但一部好看的電影當然不能這樣演，於是無助而悲慘的故事就此展開……

中年危機

故事要從我寫劇本的時候說起。二〇一五年夏，我已經在電腦前寫了一年的劇本了，但還是頻頻遭受挫折。找不到出資者，輔導金申請失利，找不到演員來演，然後一而再再而三的拜託人，看看我的劇本，然後再一而三再而三地被否定。「劇本寫成這樣，根本沒資格被拍成電影！」「你要不要去拍拍短片就好，拍拍電視劇就好，多練習練習？不然劇本改得再搞笑一點？再生動一點？再多請一點大明星？」……

我常常在電腦前，一發呆就是一天。不用進食，不用動，就像一具只剩腦部運動的空殼，甚至也改不了幾個字時間就過了。

其實當時我已臨重度憂鬱，沒有賺錢的能力，前一年還爲了自己的電影夢把做了十年的工作給辭了，然後在俗稱的中年危機給自己製造一個最大的危機，就是告訴世人我要拍電影。一部電影很容易的，只要五千萬就拍得成了……

當然，現在想想沒有人要理我也是正常。但一個正常人被批評得一文不值，得重度憂鬱也是正常。

但悲劇人生能否反彈呢？其實很簡單，就是給他一個更大的悲劇。

青少年的考驗

國中會考考完的暑假，與同學們相約在西門町溜冰場，準備好要大展身手。我毫不猶豫地踏上冰面，滑了幾圈之後，有位不會溜的同學一直在旁拉著我，過沒多久，他突然重心不穩溜到我後面，當下直覺不妙，不幸的事還是發生，他重重往後摔還緊抓我不放。

在硬碰硬的比賽當中，我的尾椎輸了，冰面贏了。尾椎就此被撞凹進去，大概痛了兩週，不過想想也就沒事了。

一個月後，因約不到人陪我溜冰，所以便自行前往小巨蛋滑冰場。穿著短褲的我，自信滿滿地不借護具，靠著運動天份，溜了大約二十分鐘，一個重心不穩，直接膝蓋撞地，用膝蓋溜冰。

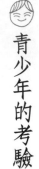

不過我猜應該沒事，所以拍拍屁股起身，繼續溜到工作人員打掃地板才停下來。

回到座位區，竟發現雙腳膝蓋已鮮血直流。愛逞強的個性，想說只溜一下太可惜了，所以等他們掃完，再度回到場上。

但這次不到三分鐘，我就痛到放棄。

烈日下出來，花了三十分鐘才找到藥局，但店員看著我鮮血直流的雙腳卻說：

「妳必須先去買生理食鹽水喔，我們沒有賣。」

眞不知自己在老實什麼，還乖乖聽話去找生理食鹽水，這時傷口的血都已凝固。

最後又拖著受傷雙腿一跛一跛回到小巨蛋，忍著痛幫自己擦藥，結束了這場驚魂記。但，這卻是噩夢的開始而已。

活著的惡夢

暑假結束，脫離走路上學，成爲五專新鮮人的我，每天卻必須搭一小時公車上課，身體也悄悄起了變化。

有時早上刷牙會沒辦法拿水杯，但我想只是太累了，所以不以爲意。

一次，爲了攝影作業而跑去陽明山取景，在美麗的公園裡，有著大樹與小溪，我興奮地舉起單眼準備拍照，卻突然感覺不妙，手異常吃力，才過沒幾秒，雙手就不停地抖動，趕緊放了下來，心想我到底怎麼了？

此時心跳之快，手汗直流，不能控制的感覺讓我很不安。從前都是投三分好手的我，這點重量根本不算什麼，現在卻無法支撐一個單眼？心中燃起惶恐的火苗，用各種理由把單眼交給媽媽拍。

溪流聲涓涓依舊，而我卻只聽見自己大力跳動的心跳聲。

五專第一次長跑測驗，我依然充滿著自信，站上起跑線。

碰！槍聲響起，輕鬆地跑了半圈之後，腳突然像斷了電的機器，不聽大腦使喚，每一步都快要跌倒，不得已只好改成快走，心裡狂唸著觀音菩薩，老師的吼罵聲已經成了無聲電影。

之後立馬查詢自己到底發生了什麼事，爲何會手腳突然無力？

每一篇文章都寫著，當心「重肌無力症」找上你！和一堆恐怖的照片，使我猜想自己該不會也是其中之一吧？

十萬分之八微乎其微的機率，有可能找上我嗎？

越想心裡越恐懼，所以搖搖頭不想承認，安撫自己說一定是太累了，沒事沒事。

但事實是，我開始出現自律神經失調的症狀。電視看到一半突然呼吸不到，讓我非常恐慌，從小到大從未這樣過，只好鼓起勇氣跟媽媽說，她的回應是「呼吸不到就呼吸」。聽完雖然很失落，但這句話卻像一個指令一樣，深深烙印在我心中，救了我很多次。

二〇一六年跨年夜，邀請三五好友來家中玩，本該是美好回憶的日子，眼皮居然鬧彆扭睜不開，每張照片都在努力睜大，但卻只露出半個眼睛，表面的燦爛笑容，背後卻藏著我莫大的恐懼。

拜託有誰可以救救我啊～

為什麼跌倒？

女兒當時國三畢業，在未上五專的那個暑假發病了。很不幸的，我沒有發現，因爲我也病了。我聽不見女兒跟我說的聲聲暗示。

她說媽媽我手抬不起來，無法刷牙。我說妳在說什麼鬼話？就抬起來刷牙啊！

她說媽媽我溜冰跌倒了，我問很嚴重嗎？她說我擦藥了，不要擔心！她說媽媽我無法呼吸，我說呼吸不到就呼吸……

直到，她在我面前跌倒了，我尖叫問說：「有沒有怎樣？」她驚慌失措地回：「沒有。」我問：「爲什麼會跌倒？」她搖搖頭說不知道……

其實，當時她已經自己上網查過，她已罹患一種罕見疾病「重症肌無力」。只是她不敢告訴我，怕我擔心罷了……

因爲，我只是一個失格的母親。

公車驚魂記

過沒多久期中考來臨。媽媽卻在當天早上有急事要我馬上幫忙處理，時間一點一滴流失，持續增加我被當掉的機率，外頭的傾盆大雨，已經和心跳合而爲一，好險終於完成。

快馬加鞭衝出門外，幸運地趕上不會遲到的那班公車，眞是鬆了口氣，踏上車的那一刻，腳卻也隨著我的鬆懈而放鬆下來，直接讓我毫無招架之力地跪了下去。

小腿骨直接撞上九十度直角階梯，只剩手緊拉著握把，把自己硬撐上去，然後選了最角落的位置趕緊坐下，覺得自己顏面盡失。

此時才發現我全身不停顫抖，小腿劇痛，只好咬緊牙根慢慢地拉開長褲，眼看傷口已經血肉模糊，身上也沒有任何急救措施，更不敢向其他人求助，唯獨心中只能乞求菩薩保佑，讓我能平安撐到學校保健室。

好不容易到了學校，結果禍不單行，保健室居然還沒開，必須要等到考試開始，護士才會來，當下眞的很崩潰，老天爺啊！一定要我在分數與身體上做選擇嗎？還好老天聽見祈求，爲我開了一扇門，保健室在這時候提早開了。

生理食鹽水的疼痛沖洗，讓我看清腳上的傷口，一塊肉被分成兩邊，凹了一個洞，包紮完後，再忍痛慢慢走到考場，唯一慶幸的是趕上了考試，眞是不幸中的大幸。

吞不下

考完試，總能放鬆了吧！晚上跟媽媽走到附近一家新開的餐廳吃飯，吃到一半喉嚨的肌肉卻大門緊閉，讓我每一口都像在吞石頭，心想現在到底是怎樣啦！怎麼每一天都給我不同的考驗啊？現在是連吃飯都不讓我吃了嗎？心裡的惶恐與憤怒也沒有勇氣跟媽媽說，因爲眞的不想再製造更多的麻煩了。

但是很抱歉，一下子就破功了，從來都是大食怪加餓死鬼的我，怎麼連媽媽這個慢郎中都吃完，而我桌面還有一大半。

媽媽無奈地問：「妳又怎麼了？」

我吱吱嗚嗚地說：「吞……不……下……」

我們就在不斷地嘆息聲中，慢慢走回家。

這天之後的每一餐，都像是人間煉獄。常常噎到不說，如果身旁沒人，我是否就因此喪命？老天爺啊～爲什麼要這樣對我？

最後的馬拉松

放暑假前的最後一個體育測驗，六公里的馬拉松，我拖著身軀緩慢地走進會場，心中的恐慌還未消失，就已被推入跑道上了。

預備！開始！眼看大家都都賣力地往前奔跑，我只能快步向前，在別人眼裡可能覺得這人無比偷懶，但有誰知道我跨出的每一步都是用盡全身力氣去動的，因爲身體現在根本無法跑步了，每一滴流出的汗水，都似我心中翻騰的淚水，不斷不斷地湧出。好幾次都差點跌倒，但都用意志力慢慢撐過，最終抵達終點，以倒數第四名的成績作收，居然還有及格，眞是太好了。

誤判與確診

終於，我們願意面對這可怕的一刻，到了大醫院就爲找出病因，做了各種檢查，腦波、核磁共振等。沒想到，醫生卻誤判爲癲癇，我們一臉狐疑地看著醫生，不知他的判斷標準從何而來？但他要求女兒先吃半年的藥看看，如果沒好再來改換別的藥……

但因爲我們很清楚她不是這個病，所以半顆也沒吃。

眞正確診已經是一年以後，而且是爲了拿到醫生證明。因五專的體育老師不相信她不能打球，不能跑步，以爲她是故意偷懶，任憑我們怎麼跟他解釋，說孩子小時候是如何地愛運動，是個在音樂班中少數的運動健將，不是因爲偷懶，體育是她最喜歡的科目，但她是眞的不能動……請他網開一面，能否讓她不上體育課？而不是一直給零分？

但縱使我們拿到了醫生證明，卻也沒有得到我們想要的答案，當然兩年後也休學了。雖然班導跟校方都覺得很可惜，因為她一進去，就在各科表現優異，一直是班上的第一名，甚至一開始她還能勉強自己上體育課的時候，都會盡力做好每一項運動，包括打乒乓球，手抬不起來又嚴重複視導致看不清哪一顆是眞球的情況下，是依打球的天份及經驗判斷，才勉強過關的。

醫生的大力丸

確診後醫生開給我一週的大力丸，當我看見藥袋上的副作用寫滿整整一包時，就決定不吃了。心想它到底是來幫我的呢?還是來搞破壞的?本人已經沒有任何多餘地心力去對抗更多的病症了。

接著到了下學期，每天心跳破百上下學，已經是家常便飯。時常跪著上公車階梯，把司機們都嚇死，也無法好好解釋，因爲舌頭不讓我說話，大概只剩媽媽能聽懂了，以上種種事情換來的只有我滿滿的恐懼與自卑。

天天都是發病期

「重症肌無力」到底是什麼病？簡單說就是肌肉無力，但你們或許不知肌肉遍佈全身，哈哈，說笑嗎？怎會不知？只是沒意識到肌肉對我們的重要性吧！特別是全身型的患者。當血液中的乙醯膽鹼抗體濃度過高，或胸腺過大時，皆有可能是致病成因。

嚴重時手抬不起來，所以無法好好刷牙，無法替自己好好洗頭，所以頭永遠是髒的，當然必要時媽媽就幫她洗頭，還有幫她抓再也抓不到的背，但對一個青少年而言，這麼大還要媽媽幫忙洗澡洗頭，根本不是享受，而是一種折磨；腳只要一軟就隨時跌倒，所以發病至今，四年來已跌倒二十次，外傷流血已是家常便飯，媽媽直到第十九次才成功抓住她，但沒有用，還是膝蓋落地，這時我才明白什麼叫斷電腳軟，而她已跟我一樣高，重量使然，我根本抓不住她，只能蹲在路邊，又看著她流下恐慌的

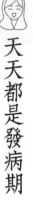

眼淚；無法呑嚥，女兒長達一年都在極度飢餓卻無法呑嚥的情況下，體重溜滑梯直直落，從五十八公斤直殺四十九公斤，旁人不知道，以爲孩子是故意不吃，卻不知她其實是個大食怪，若非嘴邊肌肉僵硬動彈不得，若非食道像是鋼鐵，她根本不會不吃，實在是呑不下；無法說話，因爲舌頭無法運作，說出的話沒有人聽得懂，只剩媽媽懂了，但要怎麼跟他人溝通呢？也就漸漸地不想說話；喝水嗆到，或被飯粒噎到，幾乎是每一餐，但她已練就憋氣吃飯大法，每一口飯都要憋氣呑下，不然又會跑到氣管，咳到快斷氣才能咳出那該死的米粒；眼睛張不開，外眼皮不聽使喚；眼睛複視，看不清來車，夜晚走路更危險辛苦；頻尿，尿道當然也是肌肉……

最嚴重的，就是無法呼吸，會導致呼吸中止，若身邊沒人，眞的可能喪命……

以上。不要問我是否有發病期與非發病期這種問題，只有今天嚴重一點，與今天輕鬆一點的差別，基本上，天天都是發病期。

天啊！她是怎麼活過來的啊？天啊！我又是怎麼撐過來的啊?!

這種罕病是找不到病因的，醫學上說這不是遺傳，不是基因出錯，總之發病原因至今是個謎，也因爲很罕見，所以只有兩種藥物可以配藥，一種叫大力丸，另一種就是類固醇了。但大力丸不是讓你吃了有力，而是暫時性地緩解某部分的症狀，例如吃完藥手暫時可以抬起來，但卻無法言語了，或是頻尿等，但病是活的，藥效也因人而異，如果吃到最高劑量，卻還是沒用的話，也就這樣了，一輩子如是。這時醫生會建議你改吃類固醇，但一吃就不能停，得吃一輩子。如果是你，你會吃嗎？

十七歲的眼淚

十七歲的我不知多少個早晨，掛著滿臉淚跡甦醒，每個淚珠都是我滿滿的疑問與恐懼，爲什麼？爲什麼是我？？老天爺啊～爲什麼！爲什麼是我！！！全世界那麼多人，卻選擇了我生這種病，到底爲什麼?!

滿腔的怒火，一發不可收拾，理智線常常就此斷裂，無法控制胡亂砸東西的畫面，加上各種碎裂的敲擊聲在腦中揮之不去，卻也擋不過我心中的怒吼。我眞的眞的好想知道答案啊！拜託，有誰可以告訴我？

答案，究竟在哪裡？

女兒眞的很想得到一個能說服自己的答案。

如果醫生不能給，那誰可以給？眞是自己做錯了什麼？或是上輩子做錯了什麼，所以應得這種病？

因爲之前我去找過一個通高靈的老師，說過我一些上輩子的因緣聚合，感覺上都很準確，起碼對我此生受益良多，所以女兒提議，說要去了解一下自己的前世，搞不好可以得到一些有幫助的答覆。

我說眞的嗎？如果問出來妳曾經殺人放火，所以得到這種病，妳也可以接受嗎？

她明確地點頭，說她知道會比較好，總好過現在如此不明不白被判死刑，她願意接受任何答案。

二〇一七年的六月，我們到了老師那，熟悉的神秘空間，心境卻跟上次來時如此不同，沒聽到答案前，我異常地沈重，或許我比女兒更害怕聽到一些無法面對的故事吧！但還是鼓起勇氣，告訴老師說女兒生病了，想了解爲什麼？也就沒再多說什麼。

老師依舊閉上眼，開始閱讀資訊，並親切地說：來聽故事吧！

上輩子，景雯是個男孩，而你是他的父親，他是你的獨子。你們家很有錢，你是大老闆，事業成功，家庭得意，家住大莊園。你有個員工的兒子也跟當時的景雯差不多大，你很好心，讓員工住莊園裡，也讓他的孩子跟著景雯一起長大學習，基本上待遇規格與景雯齊平，漸漸長大的他們正值青春期。

但那個小孩有些狀況，總是闖禍，小時候闖小禍，長大就闖大禍，每回景雯都會掩護他，把所有的過錯一肩攬起，雖然爸爸都明白地看在眼裡，但也不拆穿，總是睜一隻眼閉一隻眼。

有一回，他又闖了大禍，景雯又要扛責罩他，爸爸很不高興，因爲這回事情大條，且不該再這樣下去，你決定不再姑息，於是就把他們一家子趕了出去，那個孩子依舊囂張跋扈，說「走就走，什麼了不起！」

然後他們就離開了莊園。

但景雯過不去，他認爲那是他一輩子的好朋友，就要爸爸把他們找回來，你不理，說不能再通融下去，那是他們應得的。

景雯很生氣又悲傷，就絕食抗議與父親對抗到底，不再吃任何東西，爸爸說不吃就拉倒，你們的關係就此僵化。

景雯很固執，說不吃就不吃，直到因絕食導致身體出了問題，日漸消瘦，你將醫生找來，但不幸的是爲時已晚，醫生說血液已出現病變，來日無多，他沒救了……

在他往生前，你終於還是叫回了員工的小孩，到病塌前見景雯上輩子最後一面……

老師說：「所以，景雯這輩子是青少年得病，並且是血液產生病變，然後無法進食，對嗎？這是因果病，醫生查不出病因的。」

……我們倆在老師的面前像是被釘住般，動彈不得，因為老師都說對了。過了一會兒，我才恢復理智，問說：「那有救嗎？」

雖然我自己也不知道為何要問一個不是醫生的人這種問題，但這是第一個跑出來直覺性的念頭，也就這樣脫口而出地問了。

老師說：「有啊！你們去找一位能量醫學的楊老師，我給你們資料，他能幫你們。還有，你們不要太擔心，景雯會好的，只是上輩子他未走完人生全程，所以這輩子媽媽妳要多用點心陪著她。」

我們點點頭，像吃了定心丸一般。

離開了老師的工作室，真有一種如釋重負的感覺，畢竟女兒不是因殺人放火導致的因果病，只是「慢性自殺」。也難怪佛家講，不可自殺，因為人人皆未來佛，自殺是出佛身血，形同殺佛的意思。

還有你此生未解決的習題，也只是將課題留給未來世，並沒有甩開問題，視而不見不代表它消失。

總之，好消息是我們又在今生相遇，此生變成了無話不談且彼此交心的母女，總好過無仇不成父子的父子檔吧！

我緊握著女兒的手，心中滿是感謝踏實。

流動的能量

二〇一七年七月，我們找到了楊老師，他問我們是誰介紹的？我據實以告，有趣的是，楊老師說這位通靈老師已經介紹許多人過來治療了，但他們彼此卻不相識。

我跟景雯對看了一眼，覺得世上的高人都高來高去，或許這世間眞有雙更高更大的眼睛，在默默幫助像我們這種還沒結業的靈魂吧！我對景雯的身體是眞的越來越有信心了，因爲老師在閱讀完景雯的能量跟聽完我們的故事後，說的第一句話就是：「那你們就是很勇敢的靈魂啊！所以選擇比較困難的功課，如果是這樣，也就代表你們已經準備好了。景雯還那麼年輕，一般年輕人還在玩樂的時候，她就選擇了身體受困的課題，如果不是夠偉大的靈魂，根本無法承載這種題目，因爲宇宙不會給你過不了關的難題，不會給你錯誤的時機，每一個問題，都有答案的。」

經過老師的鼓勵，我的心情眞的放鬆不少。因爲之前只要告訴別人，景雯生病了，就會有許多指責的眼神射向我：「一定是媽媽沒照顧好，這個因果一定也是媽媽造成的。」雖然大家沒有那麼直白地告訴我，但揶揄的眼神我都看懂了。

我從不去管別人怎麼看我，總之我不能倒，也不可能因爲你們的嘲笑掉一滴淚，但今天楊老師的一席話，卻讓我紅了眼眶……

不友善

是的，這一路上是充滿不友善的，印象最深刻的一次，記得是走在南京東路上，景雯又無預警腳軟跌倒在一間精品店門口，裡面的店員走向落地窗型門口，我原以爲她要開門來看看是否有人受傷，沒想到她居然蹲了下來鎖上玻璃門，就像在告訴我們不要找她麻煩。

她的影像在眼前變成了慢動作，不斷在腦中重播。說眞的我不是玻璃心，沒那麼脆弱，但她的行爲卻實實地割破了我的心。

我低下頭不斷安慰流淚中的景雯，她覺得很丟臉，所以壓低帽簷，怕自己的眼淚及不堪被路人看見。

我則是當下深刻了悟一些事情，也是收穫啊！當然還是有熱心路人過來問說要不要幫忙？但這一幕人情冷暖的即刻對比，眞的讓我看戲一般啞口無言。

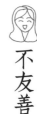

人類啊，人類！我們究竟何時才會覺醒呢？

景雯第一次離開楊老師診間，明顯地輕鬆許多，身體能動了，不再那麼僵硬沈重。楊老師說，她剛進診間時，能量流斷三截，頭一截，身體一截，腳一截，通通分開了！所以無法下吞嚥的指令，無法下走路的指令，現在把他們接起來，就好多了。

好神奇，因爲老師講的是能量流，那是一股隱形的能量，是我們這種麻瓜看不出來的。

以景雯的說法，她說老師把一個走進去八十歲的婆婆，變回了十七歲的少女，眞是太厲害了。

時間很快地又匆匆過去，她在楊老師的治療之下，眞的頗有起色，但還是敵不過天氣，她的身體會隨著天氣的改變而時好時壞，最怕下雨，濕氣排不出，就會特別沈重。

次怕天冷，身體會僵硬，如同被冰凍的冰棒。

但我們沒有等到奇蹟降臨，雖然不放棄希望，卻也還是心急，畢竟我們還是一般人，所有病患跟家屬的心情起落，我們可是一天都不少地上演著人生悲喜曲。

無期徒刑的起點

二〇一七年九月，專二的可怕旅程又開始了。

日以繼夜的通勤生活「搭公車」，從站在路邊等公車就會使我無法順暢呼吸，心跳也常快到聽不見分隔，內心只有雜亂無章的念佛聲，以及混亂恐懼的無限幻想，等一下會不會又爬不上去，或者是跌倒受傷？

當腳不錯時，眼睛就會出狀況，嚴重複視，讓我看不見來的公車到底是幾號，遮掉一隻眼睛也才勉強看到，時常要厚著臉皮，找個人來問是否是正確的那一輛，問完很多人都覺得我很奇怪，雖然不敢看著他們的臉，但也深深感受到那充滿疑惑的氛圍，不過這已經是不錯的結果了。

當眼睛看見時，腳必定出亂子，之前提到的第一次在公車上跌倒，原來只是個開始。

某天放學，因爲我很緊張，所以先讓所有人上車，心想這樣就不會影響到他人，可以慢慢上公車，於是排在最後頭。

沒想到公車司機似乎把我當成隱形人了，當我第一隻腳踏上階梯時，地板就在快速移動，喔！原來是車在開了，連車門都還沒關。

欸！我的另一隻腳還在外面呢！公車頓時成了大型滑板，讓一位不擅於滑滑板的病患，體驗在柏油路上如何賭上性命，單腳在外滑行，好險這時手有力可以抓著握把，讓我的身體不至於會翻出去，就這樣大概滑了兩公尺，司機總算視我爲地球人，終於讓車子停下。

但此時全身已完全緊繃的我，只會有一種結果，那就是腳軟收場，於是最後又變成一格一格，像殭屍般跪著上公車。

經過這次很像在拍電影的劇情之後，就覺得還好自己命大，感謝上蒼讓我還活著。

但是接下來的公車行，我還敢坐嗎？我眞的沒把握了……

一定要好的大菩薩

景雯都病得這麼久了，家人也就陸續知道，大家都很低落，但同時也想爲景雯盡一份心力，畢竟她是我們家第一個孩子，我的兄弟姐妹都很疼她，都希望她得到最完善的醫治。

二〇一七年九月，我弟弟找到了肌肉無力症的權威醫師，我們又來到了大醫院，診間滿滿的病患，但鮮有她這麼年輕的患者，待在候診區越久，越使我相信自己的無力。

不只孩子身體無力，媽媽也已心靈透支，快要相信自己的孩子是個病人了。

當然，我的心力交瘁，外人是看不出來的，或許這就是我不喜歡來大醫院被診斷的原因，待得越久，越無法相信自己會好，因爲病人跟家屬的臉龐，充滿了恐懼，還有所謂的交付，一種將身體交付給醫生自己就不用負責的交付，醫生變成權威不打緊，但其實醫生是將你的病，交給化學製藥廠，人生若只剩化學製藥的無限循環，那該有多可悲啊！

當然我不反對在急症重症或一定要開刀時西醫的治療，畢竟我自己也曾遇過救命的醫師，我很感恩並銘記在心。

但女兒的病卻隱約有一股直覺告訴我，她不是中西醫能救的，這就是我心中眞實的呢喃，一個無能媽媽無法自救孩子的呢喃。

雖然透過關係，但我們還是等了幾個小時，沒想到進診間還是躲不過這場難堪的浩劫。

醫生問我們有沒有吃藥？我們說沒有。他又問爲何拖了這麼久？我們說現在才知道有權威醫生，也就第一時間來了，不然之前被誤診爲癲癇，如何吃藥？他又說，上網查也知道是「重症肌無力」，怎麼會不知道？

此時我心想，如果什麼病都上網查就好了，那我們還來做什麼？

但為了讓他相信我們有積極治療，於是我跟他說：「女兒有做能量療法，一星期一次，我們都覺得挺有效的……」

然後我們就被醫生打斷劈頭斥喝說：「像你們這種相信什麼能量醫療的病人，跟我是兩條平行線，我們永遠不會再有交集，我們此生大概也就只會見這一次，你們以後也不會再來找我了！妳看看她，妳看看她！這麼無力！」

他說話的同時邊測試景雯的力道，叫景雯腳用力擋住他的腳，但她眞的無力，所以撐不了兩秒。

醫生要我好好看看能量醫學的老師是否眞能救她。

我看完了點點頭，但心疼的是景雯好不容易對自己有了一點信心，就被他的測試瞬間擊垮了。

醫生繼續罵我，意思是我害了她，但我並不難過，因為早就料到他會有這種反應，所以這打不到我。

只是我很冷靜並客氣地接著問：「所以醫生你的意思是，如果她這兩年早一點來看你，早一點吃大力丸，她的病就會好？」我沒有激他的意思，只是眞心地詢問。

但沒想到醫生被這樣一問，卻惱羞成怒回我：「當然不會好！她生這種病，一輩子都不會好！」

醫生的音量大到我猜整個候診區應該都聽到了吧！我們被轟了出來，讓大家輪流看我們這家笑話。

反正，也只是被笑而已。從頭至尾，我只在意孩子的心理是否遭受打擊，其他的，我根本不在意。

聽說後來，我們成爲醫院的八卦，護理師跟病患都知道我們就是被醫生大聲咆哮的那一家人。

離開醫院之後，景雯因生氣在發抖。我問她怎麼了？

她說：「媽媽，他太過分了！他怎麼可以說我不會好？我一定會好！我一定要好起來給他看！」

我點點頭，說：「嗯，妳一定會好！但我們不用好給他看，若有天我們因爲他的這句話好了，那妳要記得，他就是激勵妳快速好起來的大菩薩！」

景雯含著淚，或許不能當下認同我的菩薩論，但，我知道有一天她一定會笑看這一切的。

大菩薩，先謝謝您了！

景雯的同步心情

小舅開心地跟我們說找到重肌無力症的台灣權威了，於是我們又抱持著期待重新回到大醫院。

一早九點就去排隊，弄完複雜的程序，已經中午了，看著號碼龜速跳到我們的前三十號，只好先填飽肚子。而這天就像樹懶的我，緩慢地拿起筷子，緩慢地吃，就這樣等了許久，兩小時咻一聲不見蹤影。

等待時當然不能好好休息，各種開門聲、咳嗽聲、打呼聲，讓人神經緊繃，幾乎崩潰。

其實我們已經是靠關係來到這，所以少等兩個小時，但沒想到一進診間，醫生對於我們走後門感到極度不悅，開始就說：「為何我們什麼都沒帶？應該要有一整疊的病例報告啊！」

等他心情平復一些後，媽媽才緩緩闡述發病過程，但講到我們去找靈氣老師有幫助時，他就說不想聽、不想聽，好像踩到他的底線般，再度爆走。

做完幾個簡單的肌力測試，問我說：「妳是不是不太能爬樓梯？」我說：「對。」

他就笑一笑對著媽媽說：「過不久她的肌肉就會萎縮！」

此話一出，卻讓我眉頭緊皺。心想雖然我不是醫生，但也有醫學常識好嗎？不會沒走樓梯肌肉就萎縮。

媽媽接著問：「那麼請問醫生，吃大力丸就會好嗎？」

他就說：「不會好，這種病一輩子都不會好！」

哇～這下換你踩到我的底線了！

你做爲一名醫生，竟宣判生命正剛啓程的青少年死刑！你知不知道你的一句話可以殺死人啊？

最後我們不歡而散走出診間。

而我背後帶著三丈的怒火，手緊握拳頭，已經不自主地抖動，許下我一定會不吃藥完全好給你看的誓願！

媽媽看著憤怒至極的我說：「其實醫生真的是位菩薩，他讓妳擁有了要好起來的動力，把那憤怒化為動力吧！」

但是憤怒只帶來幾天的好轉，醫生的宣判還是像死亡證明一樣，把我擊垮了。身體急轉直下，變成了不會動的殭屍，躺在沙發上，媽媽看我這樣也覺得心疼，問說：「那你要不要吃一顆大力丸試試看？說不定會讓你有力啊，反正如果眞的沒什麼用的話就不要再吃，也證明我們有吃過了。」

我點點頭答應，努力吞下一顆大力丸，以為過沒多久就會有反應，結果等了兩個小時，手腳才漸漸有力，但眼睛卻出事了，眼前的畫面一分為二，還越分越遠。

出門買東西時，已經不知哪邊的畫面才是眞的，必須靠腳去嘗試前面的路是高是低；對向的來車，有四個頭燈，所以它到底在我的左邊還是右邊呢？

還好有媽媽在旁攙扶，否則後果不堪設想。

不過副作用還沒就此放過我，眼睛嚴重複視到眼球歪掉，膀胱也不堪一擊，頻尿長達一個月，嚇得我不敢再吃任何一顆了。

九月底回診，一早掛號，這次不靠關係乖乖排隊，卻發現上次那位醫生請假。反正只是看報告，就找了一位年輕醫生，而這回根本不用等。

電腦顯示血液中乙醯膽鹼抗體濃度是462.72。

一般人的數値小於0.5，而大於9.9就算破表。

意思是說：哇～這數值將近一般人的一千倍欸！

也就是我要花上一千倍的力量才能完成一件看似極爲簡單的小事。例如吃飯，拿起湯匙就像是舉起一支十公斤重的啞鈴一樣；走路，腳就像綁著鐵鍊般，連抬起來都有困難，還會無預警讓你從人類變成爬蟲類。

想想其實還蠻佩服自己的，看完報告反而受到了鼓舞，也算意外收穫。

修行之路

接著迎接二〇一七年的冬天，除了楊老師的看顧之外，我們也開始修行。大概沒有什麼方法可以把一個正常人，尤其是青少年，逼到去修行了吧！除非我們相信自己來日無多了。

的確，或許我們眞的相信自己來日無多了。

一次，我記得景雯的狀況不好，她又萬念俱灰，對於一個曾經被多個不同項目的體育教練說：「好好栽培，她以後一定是國手！」的孩子而言，「重症肌無力」眞的是戳中要害，一箭斃命。

因爲我曾經跟她開玩笑，說如果是我得這個病就沒有多大差別，我這輩子幾乎沒運動過，而且連走路都懶，常被笑說是個只剩腦袋，沒有手腳的女子，所以眞的沒差。

但她不同，她眞的熱愛運動，是個喜歡流汗、喜歡鍛鍊自己的女中豪傑。

還記得五歲時，景雯因練跆拳道，將自己腳背練到黑青，媽媽嚇得說不要練了，她說不行，一定要練，但她不喜歡教練女兒一直要找她玩，害她不能好好練習。

十歲打高爾夫，跟一群教練的大人朋友們凌晨四點就出門打球一整天，還遇到大雷雨，她非但沒放棄，還跟上所有大人的進度，教練很擔心她回家後手抬不起來，打電話給我確認她還好嗎？景雯就在我面前舉高手示意她很好。

十二歲跟同學打籃球，打到眼鏡被球砸破傷了她的眼角，她非但沒停下還笑笑跟我說她還要再打，並要我不要責怪同學，說他不是故意砸中她的……

我記憶中女兒的笑容幾乎都跟運動有關，但，它們已經離我好遠好遠了……

在我面前，是一個槁木死灰連走路吃飯都有困難的女兒，看她這樣，眞是心在淌血……

其實，我幾乎沒有在她面前因爲她的病掉過一滴淚，因爲我習慣堅強，我知道如果連我都動搖了，那她還能依靠誰？

我不能倒，也不會倒，再大的困難，都沒有不面對的道理，因爲放棄最簡單，而我不會放棄的。

但看她這麼辛苦我眞的是滿滿的心疼。

於是我握起她的手，跟她說：「孩子，如果這次，妳又不小心死了，記得到天堂，要跟老天爺說，我這次沒有放棄自己的生命喔！我好努力的活著喔！是不小心死的呦！不要怪我呦！」我們就在這種歡笑的氣氛中流下淚來。

哈哈！請求上蒼，別把我的幽默也給帶走吧！人生已無所求，也不過是一個簡單願望：健康平安，沒有太奢求，卻也要不到……

所以請別奪走我的樂觀吧！我們會繼續加油的，什麼方法我們都願意試試看的。

所以，後來整個冬天我們都在修行。密宗的修煉，同學們都算年紀稍長，景雯變成相對怪咖，雖然她對媽媽一直以來的修行愛好及家族淵源頗爲熟悉，也從未排斥，但要一個「過動兒」乖乖坐那三天也眞是要人命，但景雯做到了。

而後因緣帶引，我們又去了伽藍菩薩的修煉營，又是坐三天，景雯又做到了。我們很開心，因爲只要多一次修行的機會，她就會又進步一點點。雖然病情還是時好時壞，但心靈卻漸漸安靜穩定了下來。

也或許，這一次次的修煉，都將我們帶領至最後與阿一沙的相遇。

圍爐危爐

除夕夜，我們回台中，陪爸爸跟兄弟姊妹過年，也是很慘的一次圍爐，因爲景雯實在太緊張了。從生病以來，她已經鮮少跟別人餐敘，更何況一次要面對所有關心她的家人。

所以一到餐廳，就整個喉嚨緊縮，吃到最後，全家人才發現她一口都沒吃，嚴重到連雞湯都吞不了。

我全程看在眼裡，卻也不想影響到家人愉快用餐的心情，畢竟是一年一次的年夜飯，且父親年事已高，能陪一次是一次，所以我什麼也沒說，直到家人問：「爲何景雯都不吃？」

我們才好好面對這個每天都在發生的課題。

補充說明一下，其實家人們會各種療癒法，而且都是高手，但沒人治得好她，包括我在內。

其實我從景雯約莫十歲左右就會光療，所謂光療是以觀想手發光的方式，隔空或有必要時碰觸，徒手幫人治療。那是我在看完一本書後，自學就會的療法。

當然我不以此爲業，雖陸續幫過一些朋友，但也僅止於此，因爲我發現病氣都累積在自己體內散不去，後來也去開過刀，所以這不是一個究竟的療法。但如果身邊人有急需，我還是會出手，當然包括每天在發病的景雯。

但是，無論我再如何努力，我都幫不了她，其實，這眞的很令人沮喪，畢竟那麼多人在我手中好轉，偏偏就是救不了自己的小孩。

家人們也是一樣的，他們縱使使出渾身解術，還是無法扭轉她此時的緊繃。

我看著大家的憂鬱臉龐，也是充滿了抱歉，而最抱歉的是景雯，她在被大嫂腳底按摩時痛哭了出來，大家看在眼裡更是心急，以爲她是因爲太痛了所以嚎啕大哭，但景雯說是因爲自己太餓所以哭了，好笑的是現場沒有人相信她的說法，唯有這個媽，明白她眞的沒有說謊，這更令我低落，畢竟她已不知餓了幾天了⋯⋯

我們就在大飯店的包廂內，上演一齣年夜飯的荒謬悲喜劇。

神奇的腦場

回到台北，日子照過，但景雯還是沒有好轉，尤其是吞不下的這件事，像地獄使者般緊盯著你，不給吃就是不給吃。

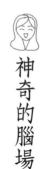

直到某天晚上，景雯又無奈地盯著眼前的那一碗飯，讓它像道具般擺在桌前，我突然想到楊老師曾經提過，如果他不在，或做完遠距療法還沒用的話，就可以聽「腦場」，那是一種音樂觀想療法，發明者是一位李老師，好處是用聽的合併觀想就有效。

我心想，死馬當活馬醫，就打開連結聽聽看，景雯躺在沙發上，聽著引導音樂就像睡著了一般，我則在一旁拖地做家事。半小時聽完後，奇蹟發生了，景雯突然坐了起來，將放在面前已涼掉的飯一口一口地吃完了！我突然停了下來，看著她，那個久違的大胃王，像回到眼前一般，眞是驚呆了！

我拉高音量問說：「怎麼回事？妳做了什麼？妳到底做了什麼？」景雯搖搖頭說不知道，就聽完腦場突然能吃了。

我們只差沒有起身跳舞歡呼，家中久違的歡樂，竟是因爲一碗飯。眞的謝謝李老師，謝謝腦場。

當然，病是自己選的，包含痊癒的方式也是。所以縱使腦場說連續聽二十八天之後，再嚴重的病都可以痊癒，而我們也認眞執行了，卻離痊癒目標還有一段路途。

但起碼我們又多知道了一種眞有療效的法門，而且不花你一毛錢。

念佛吧！

當然，我們本來就是皈依三寶的佛教徒，也在發病沒多久後就開始念佛，說幫助不大是錯的，因爲好幾次景雯在外跌倒時，我們都相信是因爲佛菩薩的庇佑才過關的。包括她每次腳軟跪著上公車，她說都像是有一雙手推著她上車的，但後方根本沒有人，陪她的唯有心中一直默念的觀世音菩薩。

我們也念藥師經與藥師咒，有趣的是，有好多次祖先或冤親債主不讓她好好持經，甚至會讓她舌頭僵直，無法念經，或將她的頭壓下來要她磕頭，但我們其實也很明白，這些現象都是有原因的，也不會因爲害怕而中斷。

十七歲的年老人生

十七歲的青春，我開始每天努力念經、抄經，並在七月中重拾寫日記的習慣，但與一般人紀錄的完全不同，不是寫每日經過，而是寫滿無限的懺悔。

在我心裡早就被滿溢的自責與愧疚感佔據，無法原諒自己曾經選擇自殺，還有覺得一定是因爲兒時太霸道了，傷害種種人，讓我因此成爲這副模樣。

所以日記內容幾乎都是無極限在寫「對不起、請原諒我、謝謝你、我愛你」，最後寫上我心中覺得虧欠的人。

然後在底下畫出藥師佛，並寫上藥師佛的梵文 भैषज्यगुरु。

拜託，求求你們原諒我，懇求你們好不好？可以不要再讓我受苦了嗎？

雖說如此，但我還是持續念經。神奇的事發生了，身體居然開始能動，讓我又重新找回一點自信。

有一天念解冤咒時，突然覺得左腳腳踝像有一個腳鐐鬆掉的感覺，原來念經真的能解除一些事情。

黎明前的黑暗：搬家半條命

當決定要搬家的那一刻起，我們就開始整理，幾乎兩三個月都在打掃，搬東西、丟東西。景雯也要幫忙，畢竟她那麼大了，有許多的物品只有她自己清楚該如何取捨。但勞動其實對身體是一種考驗，更何況她吃得不多，雖然吞嚥情況有好轉些，但跟一般人比起來，她吃得挺少，體重也維持在五十左右上不去，也常因此感到失落。我就安慰她說：「妳是大家羨慕的標準體重，別再說自己太輕了！這樣會氣死同學的！」

但去掉半條命是真的，我們剛搬新家的那個月，景雯就又跌了一個狗吃屎，真的很恐怖。

那個跌倒畫面一直在我心中揮之不去，當時的她很像是一個被主人剪斷線的傀倒，一、二、三分三階段應聲倒地，又因為我反應慢無法第一時間神救援抓住她，更令我愧疚不已。

我只能大叫並蹲在路邊將她扶起坐好，並開始緊急治療，偏偏這時有個小孩在一旁騎腳踏車，還故意騎很快並靠我們很近來回經過，我整個人崩潰，就大罵他說：「你沒看到有人跌倒了嗎？就不能別在這邊騎嗎？」

那個可憐男孩被我嚇得不敢再騎。但請相信我，我平常真的不會去管別人的小孩，更不可能罵他們，但這次我真的嚇到了，不知所措到要去飆人，才能平復自己的恐慌。

就在這一次之後，我又天天牽著景雯走路，再也不敢放手。

媽媽的樂觀主義

而後的每一天，我自己幫她在睡前做仁神術，戰戰兢兢地過日子。記得景雯當時因爲嚴重複視看不到側面，眼球會整個歪斜，所以縱使我在她身邊做治療，她若要跟我說話，必須整顆頭轉向我，不然就會看不到我。

而我發現，當時的她不只有嚴重貧血導致的黑眼圈，還有疑似因吃生酮飲食而營養不良導致的嚴重掉髮，體重輕不是問題，問題是我感覺不到她的重量。

我似乎明白了一些事，她的魂跟魄，應該已經跑掉幾個了。

意思就是說，她在潛意識裡，又再度想要放棄她這次寶貴的生命，但我沒有拆穿，也不敢提及，怕對她造成暗示，更怕她又一次的想要遺棄我。

於是，我開始趁晚上睡覺前跟她溝通幾個觀念。

一、當人生手中拿著太好的牌，現在就會很難受。想想如果出生就是身體殘缺，或許現在反而好多了，心情上不會有一種得到又失去的感慨。

二、老天爺給我們考題，不是爲了難倒我們，一定是爲了看我們如何過關。所以，過關就對了。

三、是我們選擇了不平凡的人生，是我們不要平凡的人生。這點得認清，是自己選的。

四、如果生病，一樣不可以丟失你的快樂。因爲那是你的基礎，身爲一個人的本質。你的一切都可以被拿走，但唯有快樂的權利，不能也不會被奪走。

五、改掉緊張的習慣。

六、成爲一名勇士，被逼迫的也沒關係。命運要看你如何選擇，但有時我們無法選擇，我們只能勇敢，只能堅強，只能義無反顧地去爭取，不然就死路一條。

孩子每天被我強力灌輸樂觀正面主義，應該也慢慢懂了一些事，或許這世她會勇敢一點了吧！

沒關係孩子，我會陪在妳身邊的。

人生是一個圓

我們儘快地適應新家的生活，但還是有許多要調適的地方，包括要出外找飯吃，走路，都對景雯是一個重大考驗。

印象深刻的一次，我們又終於慢慢走回家，一路上她都跟我說，媽媽我快看不到了，腳又沒力了等等，我只知道要扶好她，心中念佛聲不敢間斷，十分鐘的腳程，我們走了半個鐘頭。

回到家之後，我們都很沮喪，癱在沙發上，她的心情低落到不行，憤慨地問我：「媽媽，爲什麼我會得這種病？爲什麼只有我一個小孩，要扛祖先的業力？爲什麼是我？爲什麼那麼不公平？」看著平時溫和的她終於發出這種世間不平的怨懟，我無言以對也心疼不已，只能抱著她說：「孩子啊！妳知道爲什麼嗎？因爲妳善良。」

聽到這句話，她就哇啦哇啦地哭了。

我接著說：「因爲妳說，你們的問題，就讓我來扛吧！你們的和解，就透過我吧！還有妳上輩子說：『既然不想要你們受傷，那就讓我走吧。』於是妳就先走了。這一切，都源自於妳的善良。如果不是因爲善良，妳怎麼會在上輩子要幫朋友扛責呢？如果不是因爲善良，妳怎麼會選這種功課，獨自一人要扛全家族的業力好壞呢？」

她哭得更徹底了。

我抱著她的無助流下眼淚接著說：「所以我們要謝謝妳的善良，因爲這個善良，我們才能再重聚啊！人生如果是一個圓，那我們上輩子一定只是個半圓，這樣我們這輩子才能再相聚，再劃出另一個半圓。因爲我們上輩子那對父子都沒辦法表達出對彼此的愛，但起碼我們這輩子有機會可以當一對母女，可以擁抱了，可以哭泣了！這樣我們就沒有遺憾了啊！」

在很久的嗚咽聲中，我們相擁放肆地流著淚。

她好像懂了，釋懷地笑了，我們都得到了最清澈的了悟，最適當的救贖。

當晚，眼淚流光，卻也讓心平靜了下來。

身體，永遠是我們最珍貴的禮物，最深奧的學問，最厲害的恩師。謝謝您！我偉大的身體。

看不見的力量

一次因緣際會，我獨自一人去看了部紀錄片「看不見的台灣」。

這是一部感人至深，並讓我在戲院內看到數度痛哭流涕的電影。

電影紀錄台灣民間的奇人，包括可以上達天聽連通九皇子、媽祖、鄭成功等的天語師，還有善於療癒和解的天語翻譯師貫譽老師，他們在電影裡發揮的神奇能力，如同發著光的現代活佛，包括如何透過法會讓這片土地與人和解，與祖先和解，最重要的，是最終導向與自己的和解，看完我只有讚嘆。

而我最有興趣的地方在於，導演的弟弟原本在拍攝紀錄片前期是罹癌的，但因爲老師們的引導教誨跟治療，他竟然痊癒了，最後還加入劇組大家庭。天啊！這眞是太神奇了！

於是看完電影的我，帶著滿腔的熱血，心想一定要找到片中會靈療的貫譽老師，找到她，景雯一定就有救了！

當晚，我就透過關係，找到貫譽老師在台北的身心靈療癒工作室。最巧的是，她竟離我們不遠，沒多久就約到了老師本人，而且還是因爲有人臨時取消了近程預約，剛好把空檔挪給我們。

這不是天意，那什麼才是天意？

我緊抓著搖搖欲墜的景雯的手，推開了貫譽老師的大門，迎接我們的，是一個親切至極的微笑。

「你們好！」

「老師好！」就這樣，我們打開迎接好轉之路的序幕。

治療當天我跟進了診間，把貫譽老師當親人般，一股腦地把這些年我們遇到的困境與災難都一五一十地全盤托出，包括被西醫宣判沒救，使用過的各種自然療法，中醫，念各種經典等等，通通說出來。真不知老師是在治療景雯，還是我這個受內傷已久的媽？

總之，最後我才跟老師說，爲什麼我去看電影會有這麼深的感觸，是因爲我自己的爺爺，也是一位死後封神肉身成道的神尊，現在全台灣有三個地方在供奉祂。

聽完，貫譽老師看著我，說：「那妳知道嗎？今天妳爺爺也來了！祂就在妳身邊！」

我說：「爺爺來了？」

貫譽老師：「不要說是我說的，你自己眼睛閉起來感覺看看，祂是不是來了？」

我被老師這樣突如其來的訊息震懾住，當下就閉上眼睛，而闔上眼的那一個剎那，突然感覺到一股暖流，就圍繞在我身邊，眼前一片黃光灑落，而我明明閉著眼，為何反倒看見光明？診間明明冷氣很強，為何反到感到溫暖？

我不自覺地流下淚來，在心中無聲地詢問「爺爺是您嗎？」

爺爺：是我啊！我一直都在啊！

這種沒有說出口的心靈對話，眞的讓我覺得不可思議。

其實我從未見過爺爺，祂對我而言就像是個神話傳說，但這份親情的連結卻未曾脫節。

許久許久以來，我還是渴望擁有一份無止盡的疼愛，從母親離世開始，從少小離家開始，我是那麼那麼地渴望，以至於現在聽到自己還是擁有祖先的關照時，竟如此失態地在老師面前流下淚來。

療程結束後，貫譽老師對景雯的身體感到很有信心，她說景雯還那麼年輕，一定可以痊癒的！

孩子離開診間，背脊突然直了，好像長高了三公分，久違的紅潤氣色，也直接示意我們找對人了。

而老師的加油聲，像在體內形成一個新的循環，久違的自信，又回到了我們身上。

也或許，我們只需要醫生說，我們是有希望的！而這個信念眞的眞的好重要。其他的，就交給身體自己去運作吧！

當然，命運的洪流如此，緣份如此，我只能信任，只有臣服，更要樂觀地看待這一切。

之後我們再來，都由小瑜老師接手治療，而小瑜老師雖是貫譽老師的徒弟，卻也是一位極爲優秀的身心靈療癒師。她會在療程後，說明接下來會出現的身體反饋變化，我們也都認眞聽取吩咐。

只能說，神將我們帶領到了對的路，一條重返自由的聖路。

就這樣，景雯漸漸重回好轉的軌道。

請接受你自己

二〇一八年九月，小瑜老師說我這週會眞正面對並完全接受這個病。媽媽就問那是什麼意思？老師回說要我眞正面對自己，因爲之前都選擇逃避。

老師的一番話都針針見血。

確實，我從發病開始就一直逃避到現在，因爲我不接受這個病，害怕只要承認並接納它，就代表我一輩子就會是這樣，無法做自己喜歡的工作、做自己喜歡的事，永遠都需要別人照顧，讓我想都不敢想，所以至今都在逃離這個問題，能逃多遠就多遠。

當晚，我與媽媽聊到這事，她了解並跟我說：「其實媽媽比妳還要恐懼，也不知該如何面對，但要相信老天爺，祂給了妳一個關卡並不是爲了要考倒妳，而是要妳跨過去。交出妳的信任吧！把自己託付給祂。」聽完這席話，令我啞口無言，一向都無比堅強的媽媽，原來比我還要害怕，覺得自己眞的很不孝。

所以老天爺我相信祢，當我接受了這個病，就會一步步朝著破關邁進。

謝謝您的守護

來到貫譽老師這滿月時，我又變回可以活動的樣子了。

一回，小瑜老師說：「景雯，妳很特別，每次做治療時，一開始都必須先把妳體內的守護神請到旁邊，做完再請回去，這是我從沒遇過的事情。」

聽完眞令我匪夷所思。

所以一直都有人在保護著我？也就是所謂的高靈？爲什麼會在我身上？我的身體不好住欸！哈哈哈！

不過下一個反應就是感到無比榮幸，感謝祂一直庇護著我，讓我平安活到現在，而且終於等到轉機。

詢問高靈

回家之後，我們爲景雯有一位守護她的高靈感到興奮不已，並且很想直接認識祂，於是我請景雯自己詢問高靈，或許可以聽到聲音並得到答案。

沒想到景雯第一次請益自己的高靈，就很順利地與祂展開對話。這眞是太神奇了，連我這個從小到大都像在神學院家庭長大的小孩，都感到無與倫比的驚奇。因爲之前都是間接地從親人或朋友口中得知一些跟神相通的訊息，這次竟然是在眼前發生，還是自己的小孩。且無須任何儀式，只需要靜下心來，專注在眼前的聆聽，高靈就會跟你連上線了。

應該說每一個人的高靈都在自己身邊，只需你靜下來，就能聽見高靈的聲音，那個來自心海美妙的源頭聲音。但往往我們的心念都太吵雜，所以會同時聽見許多聲音，而分不清誰是聖靈，誰是小我，但如果好好練習，還是能走到這一步，神展開的最重要一步。

2

與神展開

（景雯部）

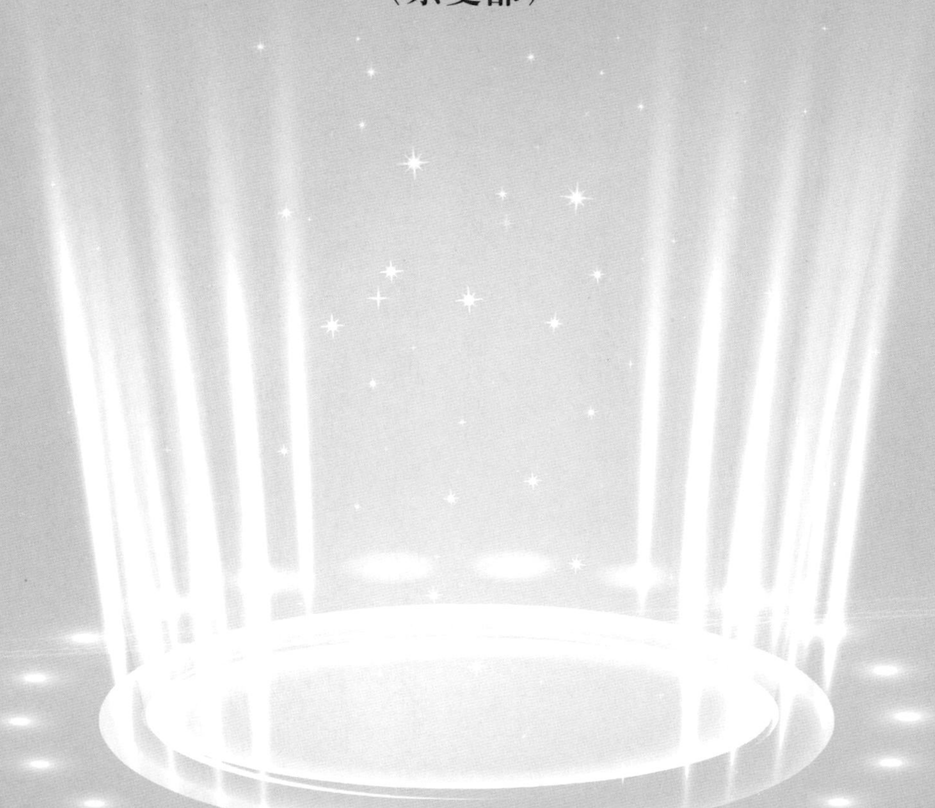

高靈乍現

十月的第一天，還是會因爲身體狀況又再度衰弱，而感到情緒低落，已經拿自己束手無策了，此時媽媽就說：「不然妳問問看妳體內的守護神啊，說不定會有答案。」雖不知從何做起，我也不像媽媽看過非常多靈性書籍，可能還會有些概念，但當下也沒想那麼多，看著家中的地板，就在內心問：「請問我的高靈，你在嗎？」

下一秒，我清楚聽見一位溫柔穩重的男性聲音回答。

高靈：我在。

當下有點震驚，呆滯了三秒，不過還是接著問。

我：那我是不是還沒有學完？

高靈：嗯。

我：那請問還有很多要學習的嗎？

高靈：只剩一點點了。

我：那麼我是要靠自己還是靠別人好起來？

其實在我心底深處總是渴望著他人能治癒我，但背後總有個更大的聲音是清楚知道只能靠自己好。

高靈的回應很特別，祂讓我看見一棵非常大的樹。

高靈：妳覺得呢？

我嘆口氣：靠自己。

高靈：是。

我無奈的回答：蛤～可是我很想要靠別人好欸……

祂很平靜地回應。

高靈：妳比妳想像中的還要堅強。

哇～這番話，眞是深深打中我心，完全是顆定心丸。也不知爲何這麼信任祂，就像信任媽媽一樣，讓原本飄忽不定的我，有了方向，就這樣亂開與高靈溝通的大門，又草草結束了第一次的對話。

十月七日，這天不知怎地我的身體越晚越不能動，但還硬是出門去買晚餐，終於平安到了只距離我家走路五分鐘的火鍋店，此時我的肌肉卻一條一條切斷與大腦的連結，讓我連走一步路都有困難，更不用說越晚在外的危險程度越大，所以媽媽著急地買完晚餐就帶我跳上計程車回家。

到家後，大約吃了一小時，卻只吃了一小口飯，於是我放下筷子，但心裡卻完全沒有受到打擊，反而還頭一次認爲我的抗體們好強壯。他們的能量超強，每天辛苦地打仗，雖說打錯邊，但我還是因此而感到高興。從前都要靠強大意志力，去反抗他們，今天終於不用，有種和平相處的感覺。

到晚上九點，可以堪稱是沒有一條肌肉能動的了，坐在沙發上，努力地呼吸每一口氣。今天眞的是我身體最沈重以及心裡最不沈重的一天了，不知該如何形容，或許這就是所謂的眞正接受這個病吧！

十一月二十二日，在這段期間裡，每天都還是過得起起伏伏，在二十四小時當中，身體可能就會轉換五次，意思是狀況極好或極壞又或者還可以等等……就像是古時的收音機一樣，要不斷轉動才能找到對的頻道。

當然有時情緒還是會受影響，但現在不同的是知道有高靈守護著，祂完全明白要如何對治我。當晚，我陪著媽媽在書局獵尋著貫譽老師推薦的書，那本讓她像磁鐵般吸住的書就放在顯眼處，一下就看見藍紫色的封面非常引人注目，上頭寫著大大的五個字「阿乙莎靈訊」。隨後媽媽說：「這就是我要的！」

毫無退路的傳承者

兩天後，也就是二十四日，在這兩天當中，媽媽總是興奮地與我分享，她看到的段落，我也認眞地聽。神奇的是，在今早我就夢到兩則非常清醒的夢。

第一則是我與媽媽去到王母娘娘的廟中參拜，我們跪著祈求時，一道亮光突然乍現在王母娘娘的佛像中，能量之強，讓我也在夢中感到不適，通常在夢裡就算被殺死，也不會有任何感覺，可是這次居然實實在在「感受到了」，就像眞的一樣，痛苦難耐的我，已經開始蜷曲著身體。就在此時，耳邊傳來陣陣念佛聲，於是我也跟著唱誦，漸漸地那痛苦的感覺，也跟著佛樂聲而消散無蹤。

第二則是我此生從沒見過的一對姊弟。第一幕就是弟弟躺在醫院病床上，已奄奄一息。姊姊是位通靈者，一直在旁照顧，對回天乏術的弟弟，感到無比難過，突然一尊神下降在姊姊身上，開口就問弟弟說：「如果你願意成爲一名通靈者，你的病就會痊癒，那麼你願意嗎？」弟弟也沒有第二條路了，於是用盡身上最後力氣，點頭答應。

六天之後，眞的出現神蹟，他完全好了，絲毫沒有半點病痛，他還不只是多了通神能力，另外還有瞬間移動，以及可以違反地心引力的能力。之後就開始通到一尊男性的東方神，祂會用唱戲的方式替人開示。

有了這些神通能力的弟弟，眞的頻頻遇到有人需要相救，而且眞是非他不可的情況。

在一個艷陽高照的正中午，某位女生不知爲何，吊掛在四樓陽台外，搖搖欲墜，他眼看大事不妙，立刻使用反重力衝了上去，抱起那名女子，又衝了下樓，但快到地面時，他的能力時效性已到，所以雙雙墜入游泳池中，兩人都沒受傷。只不過就在此時，他看見身旁有一具自己的屍體，讓他匪夷所思，到底哪一個才是眞的？是現在與別人聊天的自己，還是自己已躺在那成了浮屍？但每每詢問別人得到的答案，都是沒有那具屍體啊！這讓他極為困惑，因為那兩個他，都是真的。

就在這一頭霧水中，我終於醒了。

醒來之後，我跟那位弟弟一樣困惑，這到底是什麼意思？於是當晚就跑去龍山寺，詢問觀音菩薩，得知原來我就是那名弟弟，而最後那解不開的疑惑，菩薩要我理解：每件事都有好幾個面向，取決於你是用什麼樣的方向看待一件事。

而這次的夢，說明著我到底如何看待通靈這件事。

所以結論是，或許我成為通靈者，身體就有可能一下子好轉。但其實我很害怕，因為從小就見過許多通靈師，有些老師通靈時，會被直接上身毫無記憶，有些則是有陰陽眼。這些顧慮都讓我退避三舍，不想成為他們。

直接上軌——與靈對頻

但或許就像夢中的那位弟弟一樣，我沒有選擇的餘地。

十一月二十八日晚上，我與媽媽去參加舅舅的演講，結束時與舅舅相擁道別，當下我就聞到一股濃濃的香臭味，有點像是在垃圾桶內噴香水的難聞氣味，但我也不以爲意，覺得可能就是舅舅的香水壞掉之類的。

出來之後，我們慢慢走向捷運站，一路上我不斷聞到剛才那股臭味，於是開始檢查是否是從媽媽身上傳來的？

奇怪！也不是啊！難道會是我身上的嗎？但居然也不是。

那一定是我舅舅的囉？媽媽卻說舅舅身上並沒有擦香水啊！

哇～這下是件離奇的案子了。最後媽媽再補一句，說她並沒有聞到那樣的氣味啊！拜託，平常我的鼻子可以堪稱是裝飾用的，媽媽身上才是眞正有嗅覺能力的，現在怎麼交換了？

但越聞越久，居然也沒有因嗅覺疲勞而消散掉，反而還讓身體開始當機，一種說不上來的不適，從內而外爆發出來。體溫失調，呼吸不穩，又快要暈倒了！所以只好坐上計程車回家。

坐車時心中一直詢問我的高靈，到底發生了什麼事？祂只有一個回應：「有人找妳。」

一回到家感覺就像虛脫一樣，也不知該如何是好。

此時媽媽提醒我說：「那要不要問看看到底是誰來找妳？」

這次眞的把我逼到絕境，才讓膽小如鼠的我，放腳踏出那一步，開口問高靈。

我：請問在我身邊的人是誰？

高靈：妳可以自己問問看。

但就在此刻，媽媽跟我說或許是舅舅的師父，一位國寶級大師，前陣子過世了，今天的演講內容就是與他相關。

於是我只好鼓起勇氣向高靈確認後，吞一口口水，吸氣問：「請問某某老師，是您嗎？」不到一秒，一個中氣十足又高亢的聲音回答我：「是啊！我就是！」但我又被這聲音嚇得臨陣退縮，先轉頭問媽媽：「他的聲音是這樣嗎？」因爲我並不記得他的聲音，媽媽就立馬學給我看，學完的那一刻我完全呆掉了。天啊！幾乎一模一樣，看樣子這下不問清楚不行。

先祈求菩薩保佑，再問老師：「請問您找我有什麼事嗎？」他說：「沒事！只是來看看！待會就走。」我說：「喔，好，那麼您還有什麼事要交代的嗎？」他嘆口氣說：「就是有點放不下我那徒弟，他太難過了。」

我也不知該如何幫他，只好把媽媽搬出來，不過媽媽很聰明，就回說：「您不用擔心，我們會照顧好舅舅的，請您放心好走。」

最後老師回應說：「了解！這樣我就不必再掛心了！」夜晚驚魂記終於結束。

一陣子過後，那惡臭眞的消散無蹤。體驗完這次有趣的經驗，我的臉上居然掛著笑容，好像不再那麼害怕成爲一名通靈者了。

停不下來的靜坐之旅

媽媽是一位看書很快的人，而且還能吸收活用。

於是在十二月一日，她照著《阿乙莎靈訊》裡教的靜坐法，從中挑選幾項，並把它們結合成爲一套方法開始靜坐。

就在四日晚上，我完全搞不懂媽媽在做什麼，已經滿頭疑問三天了，看到她今天依然坐在沙發上，準備就緒時，我終於憋不住開口問：「媽媽你到底在做什麼？」她說：「靜坐啊。」心想反正我也很無聊，身體也不太能動，就回：「那我也跟著坐好了。」於是大概花了兩分鐘理解流程，媽媽主要做穩定中軸療法，我則是做幹細胞療法。

我們就閉起眼睛，開啓靜坐之旅。一小時後，我睜開雙眼，完全被自己給嚇到，從小就像過動兒的我，怎麼可能會乖乖在這坐滿一小時？好啦，就算生病造成身體不能動，我也會看看電視、滑滑手機、聽聽音樂之類的，至少還是有器官在活動啊！但剛剛我只負責專心呼吸，觀想光的流動，時間就這樣過了，根本不覺得有這麼久，而且起來之後，感覺就像是被老師們治療完一樣，能量豐沛，精神飽滿，四肢也比較能活動了。怎麼會這麼神奇，這個靜坐法有這麼厲害？

但持續快速跑動的能量讓我太亢奮，整個大失眠，還必須起來動一動，釋放一下能量，看著床邊鬧鐘顯示一點、兩點……終於在清晨四點，眼皮累癱了，我可以好好休息了。

隔天，因爲昨晚幾乎沒什麼睡，所以今早的狀況又急速下滑，努力拖著殭屍身體，去看一部試映會的電影。晚上回來靜坐時，我則學會了穩定中軸療法，居然也有昨晚同樣的效果，但這次有極大的不同，睡覺時間一到，能量就會緩和下來，讓我能好好入眠。

靜坐的第三天，不用早起，於是睡飽之後，身體有力能夠活動了。可以自己做中餐，呑嚥也進步許多，還有能力帶我家小狗出去散步，愉快地獨自完成所有事，這種輕鬆的感覺，已經不知是曾幾何時。下午還有空閒時間，我便試試沒有他人陪伴的靜坐。

不是說江山易改，本性難移嗎？是誰改造了我，讓一個十八歲的青年，瞬間迷上了靜坐，感覺就像被釘住一樣，任誰也無法動搖。

此次的靜坐，我又做回幹細胞療法，因爲現在是白天，能盡情的補充能量，起來感覺又像是換了一顆電池，居然還踏上我們家佈滿衣物與灰塵的飛輪，騎了整整十五分鐘，可能對一般人來說沒什麼，但我不知多久無法運動了，所以這十五分鐘，是我騎向信心之路的第一個里程碑。

晚上媽媽回來，我又與她靜坐一次。就在我非常專注做穩定中軸呼吸，握手指到第四順位的左手中指，同時觀想順時針旋轉光束，從腳底竄升至外太空。就在此時，突然有一個極爲溫柔穩重的女性聲音，直接從我左耳穿入，說：「張　景　雯。」依舊沒膽的我，嚇得立刻張開眼睛，心想是誰在叫我？這下呼吸也變得越來越急促，慌張地問高靈說：「剛剛那是誰？是我被入侵嗎？」祂笑笑地回：「沒事的，祂是我朋友。」但在這之後也就沒再聽見那女士的聲音，不過我後面的靜坐就全被打亂，驚嚇收場。

此後我就常常一天靜坐兩次，而且身體也出現驚人好轉。靜坐滿一週時，與許久未見的家人們吃飯，我居然能不受壓力影響，好好把一餐飯在他們面前吃完，這根本就是世界頭條，他們都比我還要高興。等了四年，老天爺謝謝祢終於回應我了。

龍來了！

十二月十五日，現在每天最期待的事，就是靜坐了。

在今天靜坐的最後，我們要給自己三分鐘的放空時間。媽媽教我，大拇指與食指中指的指尖相互接合，雙手形成兩個圓圈，腦袋什麼也不想就好，但其實很難做到。

在努力放空的此時，我的雙手卻像磁鐵般黏住怎麼樣也分不開，這讓我又緊張起來，於是高靈又被我請出來，焦急地問祂：「請問現在發生什麼事啊？」祂依然冷靜地回：「妳不要緊張，沒事的。」然後一個三角形與正方形結合的符號隨即浮現在眼前，我立刻認出了這個符號。

這是我與媽媽曾一同去畫屬於自己的獨角獸時，第一幕出現的畫面。當時直覺反應這就是「龍」。現在高靈再度讓我看見這個符號，接著說：「祂要來了。」心想龍要來了？

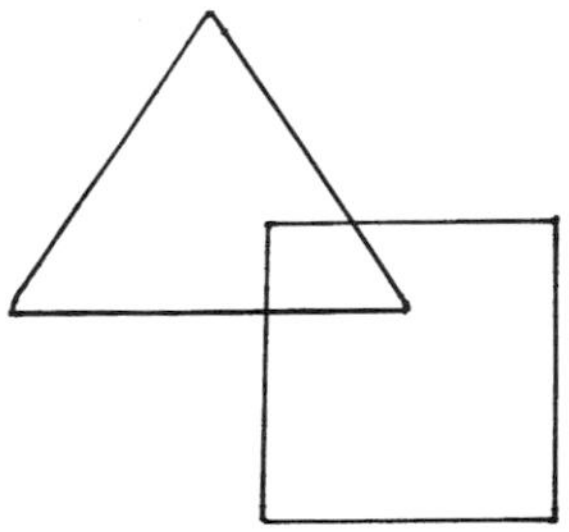

什麼意思？但高靈也不再回應，只留下我滿頭星星問號。

十二月十六日晚上，在靜心三分鐘時，看到我是一棵大樹，可以清楚看見裡面發著強烈的金光，於是就順著那道光，往樹幹中心走，發現裡頭竟是另一個空間，像一個樹幹造型的家，而就在此時，一隻金龍繞著屋內岩壁，從底下持續盤旋上去，祂的能量之強，但神奇的是我卻毫無畏懼，平常應該是嚇得逃跑，這次反而穩如泰山，開口就像朋友一樣地說：「原來就是您來找我啊！」也不知語言通不通，就這樣脫口而出。

祂飛到我面前與我四目交會，說：「沒錯，許久不見了。」如此低沈穩重的聲音，直通我心，而下一秒我的回應居然是：「是啊！好久不見！」總覺得與祂非常熟識，我們相視而笑之後，祂就說：「那麼下回再見。」我就在有種找回老朋友的感覺當中，清醒了。原來高靈並沒有騙我，「龍」就在今天乍現。

DNA密碼

十八日晚上，我依然在做穩定中軸療法，快結束時，一道藍紫色的光出現在我眼前，並不斷地擴大，直到最後那道光佔據了我整個畫面。這使我覺得很困惑，但同時也充滿著好奇，又忍不住問高靈說：「請問我可以進去嗎？」祂說：「可以。」於是我就跳進去。

好玩的是，裡面就像一個超長滑梯隧道一樣。咻～我玩得不亦樂乎，最後摔入一片金黃色閃閃發光的草皮上。

看來我現在不知到了哪裡，抬頭一望，只見超大型樹木，映入眼簾，每棵都是神木等級。更讓我吃驚的是，這裡所有東西都是金黃色的，小草、巨樹，就連空氣也染上金邊，根本還沒踏上一步路，就被瞬間吸了回來。

高靈告訴我：「你剛剛去了列木里亞。」我說：「地心？」祂點點頭。其實我從沒看過高靈到底長什麼樣子，只有白黃色的能量光，所以我只是感覺到祂正在點頭。

最後靜心時，我的畫面又自動在跑了。看見在我體內的DNA有點分離，於是我就像是一個小工人一樣，飛上去把它們修好。

然後就出現五個雙股螺旋排成一列，之後就變出了第一個符號，旋轉之後又變成第二個符號，就這樣一連出現五個，最後再出現一排在底端的五個數字或圖形。

最終大門打開，也不知從哪冒出這道門，裡頭只見一顆暗淡無光的藍水晶，我便好奇去轉動了它，沒想到越轉越亮，最後只剩一片亮光，此時我終於醒了。

當下，我並不知道這些符號以及數字代表著什麼，是之後

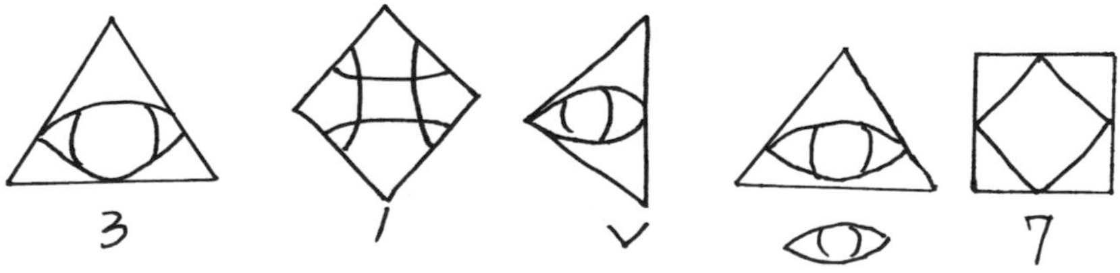

我問阿一沙，祂才跟我說這些是屬於我自己的符號，而其下方的數字與圖形就是它們的密碼。

大神降臨——阿一沙

十二月二十三日早晨，我夢到回台中老家。在夢中家裡的神壇由左至右擺著王法祖師，某位元帥以及觀音菩薩。神像都是用原木雕刻的，並沒有上色，但當我看著祂們時，嘴上卻說著貞觀祖師、王母娘娘、觀音菩薩。就在我念的同時，王法祖師的神像就立刻變成了我口中的貞觀祖師，並且有了顏色，其他神像也是，故事就夢到這裡結束。但當我醒來，一睜開眼，突然覺得我要被上身啦，因爲全身動彈不得，我很清楚這跟平常的沈重感是截然不同的，而且還夾雜著一種自己靈體要被擠出的感覺，現在唯一能控制的只剩下情緒了，我極度緊張與害怕，心臟碰碰跳得超大力，頭很不妙地開始暈，好像快要昏迷了，我趕緊在還沒昏倒前，請求曾祖父不要上我身，祂就是我剛剛夢見的貞觀祖師，還好祂似乎理解我眞的很害怕，於是就離開了。這天也是我靜坐的第二十天。

下午靜坐時得到了一個符號，那是屬於我的門，而高靈說開啓這道門的鑰匙，就是我的胸腺，當時我也聽得不是很懂，於是就先跳過它了。

晚上靜坐時，在靜心時刻，我非常專注於呼吸，但隨著我吸入越多空氣，身體卻有著一層一層不斷擴大的感覺，好似整個人置身於另一個空間，輕飄飄的，像在外太空一樣。

此時頭有一種被能量漩渦轉進流裡的奇怪暈眩感，身體也因此而搖晃了起來。這時突然有道巨光，朝我迎面撲來，下一秒就聽見一位女性聲音說：「嗨！孩子！」我立馬就認出祂就是上次叫我名字的那位，高靈所說的朋友，但這次我終於沒有落荒而逃了，這幾天被嚇了那麼多次總是有進步的。

於是我問：「請問祢是？」祂說：「我是阿一沙。」

我都還沒反應過來，祂就接著問：「妳準備好了嗎？」

神奇的是我並無任何疑問就肯定地回：「我準備好了！」

祂說：「妳將會是下一個傳承者。」

聽完我倒吸一口氣，感覺到自己的臉漲紅著，像是中樂透頭彩一樣，怎麼可能是我？但接下來我想到一件更重要的事，於是很天眞地問：「那麼我還能當發明家嗎？」祂大笑一番。說眞的，我此生從沒聽過如此溫和溫柔的笑聲，祂接著說：「可以。」

當下我鬆了一口氣，現在腦袋才跑出應該要問的問題：「那麼請問是什麼樣的傳承者啊？」

祂說：「妳之後就會知道了。妳不用害怕，世界與地球都會看照著妳。」

這番話眞讓我十足心安，祂似乎知道我很膽小，於是給予了滿滿的安全感。

清醒之後，我的暈眩感不但沒消散，還增加另一種壓縮感。剛剛不斷擴張的身體，或者應該說靈體，就感覺好像是把氣球慢慢充飽氣，直到我醒來的那一刻，放手把全部的氣都放掉，這種壓力感是我從沒有過的。

總之，最後與媽媽訴說剛剛發生的奇幻之旅。於是媽媽就有個疑問，說：「那妳準備好了什麼？」我說：「不知道，但當下心裡卻非常清楚阿一沙在說什麼，而我也只是非常篤定的回答，完全知道自己準備好了。」在我講話的同時，臉還是漲熱的，耳邊還有回音效果，吸入的空氣好像也與眾不同，感覺必須換回地球上的空氣。所以現在就像是整個人在烤箱裡，看來需要一陣子才能走出這個大烤箱了。

我清楚地知道，從今爾後，我將不是原來的我，而是即將扛起重責大任的驚奇隊長，著完戰衣，飛向新世紀的宇宙。

幫地球媽媽打點滴

三天後，也就是二十六日，我又連結到了阿一沙。眞的是突然開竅，前幾天一直想不通的那道符號門，原來就在我胸口。於是我把胸腺鑰匙，穿過那個符號的圓形處，就這樣直通阿一沙了。

一推開門，就聽到一陣風鈴聲，阿一沙今天依然很親切地跟我打完招呼，之後就要我把心中的光，放亮再放大，直到一定程度。

阿一沙：把妳的雙手結合成一個雙環。

前述有寫到我的手是分開比著兩個圓，於是我把手結合起來，立即就感覺到能量完全不一樣，有種身體循環達到平衡流動的狀態，人就好像變成一個圓圈，毫無阻礙地順流，漸漸地能量就形成一個飽滿的圓。

此時阿一沙就帶我來到了外太空，望著美麗的地球媽媽，之後地球最上方就出現一條條直衝天際又緩慢垂下的拋物線，每條線的下方各自開始連結不同的星球。一、二、三，同時展露強烈光芒，一路沿著那條線將能量傳回地球，就像是打了很多道點滴一樣。過沒多久，地球中心就出現一道貫穿南北極的超強金光。電影到這結束，我感覺地球的軌道似乎有穩定一些。

在《阿乙莎靈訊》那本書裡，說到地球現在的中軸並不穩定，正處於偏離當中，而這會影響到的不只是我們人類而已，而是全地球、太陽系、銀河系，一路擴大到整個宇宙。好在這次有很多星球的幫助，讓地球媽媽補充了維他命C，能暫時緩和目前的危機，謝謝你們。

此時此刻，我雖然很想盡一分心幫助地球，但現在我連自己都照顧成這樣了，實在很難有多餘心力放在別的事上，所以我必須先搞定自己。直接就開口問。

我：請問我的病到底要怎麼做才會好？

阿一沙：轉動胸腺，火，光。

我：我清楚第一跟第三項，但第二項火是什麼意思？

阿一沙：你媽媽會知道。

於是在我要起來問媽媽時，阿一沙打斷我。

阿一沙：在與我切斷連結時，要想像一個光網，從頭頂一路往下包覆住整個身體，這樣就是一個關閉的動作，也會對妳比較安全。

原來開門有開門法，關門也有，所以感謝祢今天教了我這麼多。

起來之後立即問媽媽，她說：「火代表動、熱，還有分享之類的。啊！對了！在靈訊裡有寫到耶穌的三聖火。」我滿頭疑問地說：「三聖火？那是什麼？」她說：「就是在胸中點燃三道火，第一道在左胸升起粉色慈悲之火，第二道在右胸升起藍色智慧之火，最後在胸口中心升起最大的金黃色勇氣之火，把三者合而爲一，慢慢一路往上，至頭部上方大約十公分，與基督連結。」我聽完更一頭霧水了，這到底是什麼啊～總之先把能做的做一做吧。

拔除你的自責劍

二十七日晚上，依然興奮地靜坐，打開大門通到阿一沙。今天換我先開口問。

我：請問今天有什麼要告訴我的嗎？

阿一沙笑笑地回：走！我們去阿卡西記錄裡看看！

下一秒，我就來到一個超大型木門前，推開，只見兩排長長無止盡的書櫃，裡頭全是滿滿的書，我居然可以在走道中飛來飛去，也不知如何做到，但現在似乎不是玩樂的時候，是來找書的。

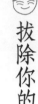

於是就請教阿一沙。

我：請問我要找的是哪一本？

阿一沙：妳自己會知道。

就在我還不相信自己會知道的同時，身體就衝刺飛到一個上層書櫃前，看來我真的清楚是哪本書，伸手就拿出一個厚重又鑲滿金邊的古銅色書，翻開第一頁，只有「一」，心想這是要讀故事書了嗎？於是就趕快翻到第二頁，也只見一個埃及之眼。就在還未理解其意義時，我就被吸入書中成爲一隻老鷹，俯看著一座英式古城堡。

喔～原來那隻眼就是老鷹的眼睛啊！之後就沿著城堡大門前的長長橋樑，一路飛到對向，居然連接著巨型金字塔，塔中還有一處凹成了六邊形，就如同鑰匙孔般，等著對的鑰匙來揭開裡頭的神秘面紗。

我看著那凹洞，從手中變出一把印章造型的六邊型鑰匙，蓋上去並轉動了它。此時我就瞬間變回人類，眼前只見黑壓壓一片的狹小房間，鼓起勇氣走進去，裡頭只有微弱光芒從縫隙透出，隱隱約約看見地上好似插著一把積滿灰塵的寶劍。此時我的眼睛就像加裝了透視功能般，沿著寶劍一路往下望，透過地板，原來它插的不是土壤，而是一個人，而且已成一具骨骸。

但我並不害怕，心想就像看一部紀錄片般，讓它演了過去。此刻阿一沙卻說。

阿一沙：把那把劍拔出來吧！

於是我就乖乖照做，取出之後，祂又說。

阿一沙：孩子，不用再折磨自己了！

當下我完全呆住。

祢……是怎麼知道的？我從頭到尾一直在折磨的人都不是別人，而是自己？就算這次眞的不打算以死解決問題，但只要身體狀況又倒退了一步，我就會發飆，大罵細胞說都是你們讓我變成這樣，爲什麼要製造過量的抗體來折磨我！又或者吃飯吞不下時，最後都用滿滿的淚水來塡飽肚子。

此時此刻，我拔出了劍。似乎意味著從今往後，張景雯請妳放過自己吧！

好震撼的一課啊！從沒有人跟我說過這句話，還先演了一段驚悚片。是啊，當劍拔出的那一刻，我就像片中的鬼怪般，在最後得以解脫。

之後阿一沙教我，覺得沈重時，想像手拿著光的鑰匙，插入妳的手腕、腳腕、膝蓋、喉嚨等……一一轉動它，慢慢解開妳的枷鎖。

聽完我立即照做，結果真的有好些，原來我似乎給自己加裝太多手銬、腳鐐了，實在有一點蠢。

好吧！解鈴還須繫鈴人，加油張景雯，你可以的！

學會自愛

二十八日，我們在寧靜的夜晚專心靜坐時，我家狗可多突然對著門外大叫了兩聲，立即嚇得我魂飛魄散，媽媽說這是很好的練習喔，也是，總不能因此魂魄就跟我說掰掰吧，讓原本想要對著可多破口大罵的我，又收了回來。

反倒是阿一沙今天很有趣，祂跟我說。

阿一沙：好，那麼我們今天就先從可多身上開始。妳在牠內心看見了什麼？

我轉頭望向牠，以爲應該什麼也看不到，結果我居然看見牠在發著超亮白光，再漸漸往裡頭望，原來發著超強白光的不是牠，而是在胸中有一顆透明的長方八邊形寶石。

阿一沙：妳感受到了什麼？

我稍稍感受了一下。

我：嗯……超強能量、純粹、活力……

都還沒說完，祂就打斷我。

阿一沙：再看得更深入一些。

我仔細觀察。

我：我感受到滿滿的愛。

阿一沙：對。孩子，妳的第一課是要先學會愛自己。

看來我又在玩一二三木頭人了，完全呆滯，確實，阿一沙祢又說對了。

在昨日以前，我總是緊緊抓著過去的美好回憶，去鞭打現在虛弱的自己，我不但不愛它（身體），還很討厭它，甚至有時能用「恨」來形容，但這是極致黑暗的時候；有時也會是一個超級樂天派，相信自己一定能成爲奇蹟，改寫重肌無力症的病史。但很有趣的，它們有時會同時出現，不斷拉扯，最終拉扯的波瀾，讓我就像是成爲一名精神分裂的人。

就像此時，雖然我不再自責，不過心中卻也沒有絲毫的愛。或許有，對於我家狗、外頭的植物、媽媽，他們通通有份，那我呢？小時候，還不太會講話時，就與媽媽吵架，她說：「妳就不能自愛嗎？」我卻回了一句驚人的話語：「我不要自愛！我要妳愛我！」看來從那時，我就把「自愛」丟掉了。

十多年後，又從阿一沙口中聽到，這時的震撼與那時完全不同，讓我還停留在呆滯當中。

阿一沙：所以妳能放下仇很了嗎？

我：我……不知道……

阿一沙：想想妳樂觀美好的那一面。

可是不知爲何，這卻助長了我的黑暗面，排山倒海而來，並摀著頭部。

我：我快想不起來了！

阿一沙非常冷靜地：想久一點，妳可以的。

我竭盡所思去想，沒想到，眞的被我想出來了。

第一幕就出現兒時的我坐在小板凳上，吃著每天都會吃到的白飯，但只要一餐當中有著這平淡無奇的白飯，我的臉上就會出現天使般笑容，覺得自己實在無比幸福。而這小小的美好，卻也在此時溫暖了我。後面幸福的回憶就如同拼圖般同時湧現，於是，仇恨的記憶也在此刻，慢慢消融，化爲塵土，讓內心一直揮之不去的痛苦，也隨它埋葬。

當下我放掉了對自己的仇恨，同時胸口卻流入一股暖流，一路溫暖至眼眶，形成了熱浪，傾瀉而出，人生頭一次有喜極而泣的感覺，心中的大石終於倒下，背後強烈的愉悅感，藏也藏不住，讓我邊哭邊笑，終於會感謝自己，感謝每個細胞。最後感謝阿一沙，讓我總算學會自愛了。

不過今天的靜坐還沒就此結束，輪到我問問題的時間了，於是我開口問阿一沙。

我：祢前幾天開給我的藥方，當中的火，是媽媽所說的「三聖火」嗎？

阿一沙：是。

我：我知道「光」是大家通用的，那麼「轉動胸腺」也是所有人都能使用的嗎？

阿一沙：轉動胸腺是我用妳比較聽得懂的話語，來說明給妳聽的，其原意應是「轉動心輪」。沒錯，確實是適用於每一個人，但同時也分成兩大類。一種是轉動心輪，而另一種則是轉動眉心輪。這就像是一把鑰匙，能轉開你的能量流，帶往虛弱處，又或者平衡過於旺盛處，還有這能與自身的高我，更穩定地連結。

聽完我有點資訊轟炸，倒吸一口氣。

我：那要怎麼知道你的鑰匙在哪處？

阿一沙笑了笑：妳轉頭看向妳媽媽。

我轉過頭，並瞇瞇眼望著媽媽，結果我居然看得一清二楚，在她的眉心輪，有著純淨白光，但我卻被下面心輪發出的強烈金黃光給嚇到，原來眞有此事，就興奮地說：「媽媽的鑰匙在心輪！」祂說：「是。」

我發現其實找鑰匙的方法很簡單，只要是你出現的第一個直覺，那麼就是那裡了！

最後我又在做解手銬的功課時，媽媽也加入了對談，說：「那麼這個療法是否通用於所有人？」我接著在心中問阿一沙，祂回說：「只有部分的人是，給予自己層層鐵籠的人，才適用。妳不用擔心，我之後會慢慢教妳，先這樣了，晚安，孩子。」跟阿一沙道別完，回過神才發現現在已經凌晨一點了，還好祂清楚我的身體已經快進入休眠狀態，不然精神可能還想與祂繼續聊下去。

阿一沙祢人眞好，每天都讓我學會深深的一課。

耶穌三聖火

其實我每天打開阿一沙之門時，第一句都會很好笑地問：「請問阿一沙……那個……我走對地方了嗎？」祂都會笑笑地回：「是的，孩子。」才會開始今天的旅程。

二十九日晚上靜坐，我開口就問阿一沙。

我：請問今天我可以試試點燃三聖火嗎？

因為這幾天一直被這個「火」搞得思緒不寧，雖然腦袋已記下所有步驟，但還是不了解它到底是什麼意思。

沒想到阿一沙一口答應，於是我就依序燃起了粉色慈悲火、藍色智慧火，以及巨大金黃色勇氣之火，把兩側結合至中心，火光慢慢往上，最終移到頭頂上方十公分處。

不到三秒，眼前就出現一道巨門，能清楚看見門縫中透出強烈的紫色光束，心想裡頭必定非常刺眼，所以我就瞇著眼睛，推開大門，結果居然沒有想像中的耀眼亮光，只有純白一片，非常平和。

但我在那罰站了一分鐘之後，就受不了了，因爲這裡眞的什麼也沒有，也沒人出現，所以我就忍不住問說：「哈囉，有人在嗎？」

下一秒，就有位男性聲音回答我說：「哈囉，孩子！」祂的聲音非常親切，給人一種溫暖穩重的感覺。

我又問：「請問祢是基督嗎？」祂笑了兩聲，並沒有回答，但祂說：「妳正在轉變，會需要一點時間，不過妳不用害怕，一切都會沒事的。」我說：「那會很久嗎？」祂說：「不會。孩子，我希望妳好好體驗每一刻的轉化過程，我很喜歡妳用直覺的方式療癒別人。」我滿頭問號地問：「嗯……請問我療癒了誰？」祂笑笑說：「其實在很多時候，妳無意中幫助了許多人成長。」嗯……原來如此。不過當下不知爲何，覺得祂所有的談吐都讓我感覺祂像極了一個人，於是就問說：「所以祢是耶穌？」祂說：「是的。」

我：喔～初次見面雖然我沒有跟你很熟，哈哈。

祂又笑笑：妳將會與我的父親連結。

我有點驚訝：現在嗎？

祂沒有回答，只回：一切都安排好了，就等時機到來。

祂說完的同時，我就看到一個外觀似乎是人形的金黃色發光體，從天而降，當下心想不會這麼快就見到天父吧？祂來到白色光體旁，也就是耶穌的側邊，不發一語，此時氣氛瞬間凝結，我想這樣下去也不是辦法，於是就出聲說：「嗨！」祂也回說：「嗨，雯雯。」原來祂們都不會先開口，必須由自己先說話，祂們才會回應你。

這位男性的聲音比耶穌還要再低一些，而且也比較冷酷，但我卻覺得剛才與耶穌的那份距離感，在祂身上完全感受不到，並且認為我與祂應該非常熟識，所以我就問：「請問祢是？」

祂說：「我是大天使阿修羅，我們之後還會再見面，那麼先這樣了，掰掰雯雯。」祂就又咻～一下走了。

看來又回到耶穌與我的狀態了，最後我問耶穌說：「請問祢還有什麼事要跟我說的嗎？」祂說：「孩子妳看，那道火光妳看見了嗎？」並指向了我的胸口，我低頭看著胸前，突然心中一道粉紫色的火光乍現，在心輪閃閃發亮，讓我覺得無比驚奇，張口說不出話來。

祂笑笑地說：「那是妳的愛，孩子，要繼續轉動它，讓它好好燃燒喔！」

我也微笑地說：「好的！那麼耶穌，掰掰。」就這樣，結束了亂開門之旅。

回到阿一沙這，祂也跟我說一樣的話，說我在轉化，放心會沒事的，但祂們都這樣講，作爲一名人類的我，覺得實在有點可怕欸，不知道會變成什麼樣的怪物，又或者身體會不會因此變得更糟，好啦，就先放心相信祢們吧！請保佑我平安，感謝祢們。

今天終於明白三聖火到底是什麼了，還眞的順利連結到耶穌，眞是太神奇了！

3

蛻變

孩子，你勢必成為奇蹟

三十日靜坐，阿一沙要我請媽媽問問題。

媽媽一開始有點錯愕，但也就開口。

媽媽：請問是不是所有重病患者，或癌症患者等等，透過阿一沙療法，好好跟隨靜坐，就能夠得到很大的轉化，甚至最後得到痊癒，真的會有這樣顯象嗎？

阿一沙：其實所有的患者，不管你生的是哪種病，都是同一種。就是你把「心」鎖死了，身體才會出狀況，不過只要你願意再度將心打開，一切都會有所改變。

媽媽：但是像張景雯這種，上輩子犯錯，引來這輩子的重重考驗，難道都跟業力無關嗎？

阿一沙沈默。

媽媽：我的意思是就算身上背負著業力，但只要像阿一沙所說的將心打開，那人也會有所好轉？

阿一沙：是的，其實並沒有所謂的業力存在，只有未釋放的能量，它會順著這道流，等到時機純熟後，將再度釋放。

媽媽：了解。那麼請問阿一沙，張景雯是否能百分之百的復原，不要背負著東方人所謂通靈者的悲哀？

阿一沙笑了一笑，接著轉向我。

阿一沙：孩子，妳絕對會是一個指標，妳會百分之百的痊癒。

媽媽聽到這話哭了出來。

媽媽：雖然我剛剛並不是私心的提問，但這個回答絕對是私心的答案。

而聽完這番話，心中像被導入一股暖流，給予我滿滿的希望。

媽媽：請問像張景雯這種，青少年得病，身體不好，那她需要參照您在書中所說的，去改寫她的生命藍圖嗎？

阿一沙笑了：孩子，她早已改寫了她的生命藍圖。

我馬上跳出來：何時啊？

阿一沙笑笑回：不久前。

阿一沙就不再回答，又丟下滿頭疑問的我，不過還是很謝謝祂，給予了極大的肯定，讓我又充滿信心。

此時身體也回應了阿一沙的話，一節一節釋放掉那積累許久的沈重感，踏上回歸平衡的道路。

開啟療癒之門

二〇一八年的最後一天，我們坐在與跨年人潮反方向的捷運車廂，享受著無人搶位的輕鬆，但在此時卻接到噩耗，一位朋友的父親突然住進加護病房。也不知何謂，我非常慌張，想盡份心力幫助他，但又覺得自己太不自量力。

在這不斷拉扯中，回到家等跨年煙火後，我們並沒有偷懶，還是開始認真地靜坐。

今天我要打開阿一沙之門時，那個三角形的符號門，卻變成大衛星的樣子，也就是增加了一個倒三角形，但我就先不管它。

開始就立刻問阿一沙。

我：不好意思，我今天有一個緊急事件，可否請

祢幫忙？

祂立即回應。

阿一沙：嗯，我知道。那我們開始吧！妳看看他的鑰匙在哪？

這讓我有點措手不及，但沒想到下一秒，我眼前就眞的出現一位男士躺在病床上，心中發著強烈綠光。

我驚訝地說：「在心輪！」於是接著問：「那請問我現在要如何幫他？」

阿一沙：轉動他的鑰匙。

我把手伸到他的心中，並轉動了它。

阿一沙在此時給我看見一個立體的大衛星。

阿一沙：這個就是結界，請妳加裝在自己身上，與他的身上。

當然我就乖乖照做，神奇的是在我加裝完後，我看見從他的那把鑰匙中，快速流出了好幾道白色能量流，沒多久就遍佈於他的全身。我很興奮地說：「他這樣一定有救了，謝謝阿一沙。最後再請問祢，他的家人能爲他做什麼嗎？」

阿一沙：可以誠心爲他祈福，並且在他身旁放置「木」元素。別擔心，他會沒事的。

療癒結束後，但還在靜坐中，就聽見媽媽在哼著音樂，先說明一下，媽媽靜坐時，是會哼出旋律的。

而此時阿一沙對我說：「跟著妳媽媽的音樂，把焦點置於眉心。」我邊聽邊專注著第三眼，過沒多久，可怕的來了，原本閉緊緊的第三眼，居然張開了。

看來膽子超小的我，並沒有消失，還是很害怕。阿一沙又安撫我說：「沒事的，不用害怕。妳看到妳的細胞在轉換了嗎？」

我就看看自己說：「嗯……好像眞的有欸。」因爲我體內的能量流，又在快速流動當中。

最後，阿一沙說：「二〇一九年會非常快速，你準備好了嗎？」

我回：「應該……吧？」

就這樣結束了人生第一次對他人的療癒，也希望自己能看見他的奇蹟。

重生新年

二〇一九年一月一日。晚上我與媽媽去逛夜市，不小心被一條電線給絆倒，又撲街了，還滾到正面，真是摔到數不清。

然而心裡已經完全不覺得丟臉，如果還有任何情緒的話，大概只剩下無奈了吧，雖然我知道我正在轉換，但也不需要新年第一天就如此精采吧。

回來靜坐時，阿一沙跟我說。

阿一沙：二〇一九年妳的身體也會快速地轉動。

我：我了解，但是也太快了吧，讓我有點招架不住。

祂只有笑一笑。媽媽在此時加入了對談。

媽媽：今天是新的一年的開始，請問阿一沙，祢有什麼提醒或者是祝福要帶給世人的嗎？

阿一沙：孩子們，二〇一九會是一個非常快速的年，你們要有心理準備。接下來的路途會很精采，要好好地踏穩每一步。大家必須成爲光之守護者，連結光互相幫助。

之後我眼前就出現了水滴。

阿一沙：今年是「水」年。

媽媽：對啊，今年是水年，以中國人來說，豬年就是水年。

我很驚訝：眞的喔?!

阿一沙：所以要像水一樣，順其自然、流動與包容，並且請好好保護海洋，還有海洋裡的生物們。

當下我心中就酸了一下。是啊，人類不斷地破壞牠們，與牠們的棲息地，我們應該要好好檢討的。唉……

最後祂又讓我看到一個畫面，在灰暗的天空中，畫過了一道閃電。

阿一沙：今年會是一個重生的開始，你們的身體都會有所改變，也會在此成長，這是我給予你們的禮物。

聽完我超期待的，希望可以趕快看見最後的結果。

生命之樹

一月二日靜坐，直覺今天必須點燃三聖火，好像有人要來找我。

於是我點完之後，興奮地等待畫面出現，但過了好一陣子，卻什麼也沒等到，所以又只好問：「哈囉？有人嗎？」

結果就在一片黑暗中，聽見了一位非常低沉的男性聲音，說：「有的，孩子。」

我就說：「請問祢是誰？」

因爲這個聲音都不是我之前認識的，比起耶穌、阿修羅祂們都還要來得低沉穩重些。

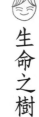

於是祂回：「妳之後就會知道了。」

看來祂也不願意告訴我祂是誰，那好吧。

祂又說：「走一走看看周圍吧，孩子。」所以我就展開步伐，踏出了第一步，眼前原本一片漆黑，瞬間變成了一座粉紫色的森林，每棵樹都如此巨大、耀眼，樹幹與枝葉都閃閃發著亮粉紫的光，就像在拍阿凡達電影一樣。讓我完全陷入這夢幻場景中，不斷地在裡頭穿梭、飛躍。

過了許久，才回過神來，不好意思地問：「請問我現在在哪裡啊？」

祂回說：「生命之樹。」

我就突然認爲該不會一棵樹就代表一個人吧？不過只在心理想想，卻也被祂聽見了，並回說：「是的。」

當然，此時很想知道哪一棵是屬於我的。於是開口問祂，而祂的回應跟阿一沙一樣：「妳會知道的。」

蛤～祢們不會太高估我了嗎？

但說完就有一股磁力，吸引著我走到一棵茂密寬闊的大樹前，知道這棵就是屬於我的了，很自然地就坐在樹根上，仰望著片片紫葉，這時祂就跟我說：「下次妳在做幹細胞療法時，想像著這棵大樹就是妳，灌著滿滿的能量，這樣效果會更好。」當下我就照做，想像滿滿的幹細胞從天而降，進入我這棵大樹中。

做完，也就這樣與「祂」斷了連結，回到了阿一沙這邊。

後來問阿一沙才得知原來剛剛那位神秘的「祂」就是「賽斯」。

阿一沙第一句就開口問我。

阿一沙：妳知道大衛星代表著什麼嗎？

我：不知道。

阿一沙：愛。

哦~難怪結界是大衛星，因爲最好的保護就是愛。好神奇喔！

不過阿一沙沒有給我什麼時間思考。

阿一沙：孩子，我們今天的課程還沒結束。

我：喔，好，那我們繼續。

之後我就進入了大衛星的晶體中，每一面都出現不同畫面。

阿一沙：來吧！挑一面來看看。

而在我左前方有一面發著超亮光芒，於是我就縱身跳入。開始還是一片漆黑，阿一沙說：「用『心』去看。」過沒多久，眼前就出現美麗湖泊，在旁有座碧綠森林，但裡頭依然有棵閃閃發亮的粉紫色樹，我心想居然在這也有我的生命之樹。

而其他棵都是原來的樣貌，讓我又驚又喜。此時一位外國男士，拿著聽診器，走到我的樹前，開始幫樹聽診，當下我的直覺反應是，自己就是那位外國人。

但是緊接著下一幕就變成那人已躺在地上，因爲他被誤殺，在身旁的居民以爲他是要來盜木的，所以槍殺了他。最後也就放任屍體在樹根旁，隨著日換星移，慢慢地被那棵樹給吸收了，故事就到此結束。

阿一沙：妳已經知道自己就是故事中的他，那麼妳會想要報仇嗎？

我：蛤？報什麼仇？人都死了，不需要在此留戀，所以沒什麼關係了。

阿一沙：很好，孩子。那麼在當中妳學到了什麼？

我：嗯……包容吧？

阿一沙笑了笑：很好，把妳這份包容，繼續放大，成為妳最好特質的一部分。

原來現在才發現自己蠻有包容力的。

因為其實在故事中，那名樹醫生被殺死之後，身體成為了樹的養份，並因此救活那棵樹，他也為此感到非常高興，終究樹還是被他救活了。

如果換作是現在的我，其實也會做相同的選擇，不會有怨懟，反而還會為自己感到高興。

列木里亞我來了！首度調頻

一月三日下午，我自己在家靜坐。

阿一沙：我們現在要去一個地方。

於是我跳進眼前出現的白色光中，裡頭就像是上次通過的滑梯隧道一樣，最後到了原始叢林，附近的樹木依然巨大無比，並且閃閃發亮，每棵都鑲著金黃色的斑點。

喔～原來我又來到了「列木里亞」，但這次我終於踏上這片淨土，沒有一下子就被吸回去。

走了許久，卻只見棵棵巨樹，不見人影。

我覺得奇怪，於是開口問：「哈囉？請問有人在嗎？」

沒想到，有好幾個不同的聲音回答我說：「嗨！」

祂們都超級親切，當下我有點被嚇到，因爲在眼前只有一片叢林，到底哪來這麼多人？

所以我說：「哦～原來祢們都在啊，可是我看不到祢們欸。」

祂們都笑了一番，並說：「因爲我們的身體早已變成了光束，所以妳眼前的光就是我們。」

其中一位男士說：「我們早就得知妳今天會來到這，那麼請跟我來吧！」

之後我們就瞬間移動，來到一個佇立在叢林中的異次元空間。

在大樹的根部，開著一道三角形之門，從外部看過去，裡頭就像外太空一樣，灰灰暗暗的，但你知道它正在流動。

之後那位男士說：「請妳走進去。」

我大步邁進那神秘的異世界中。

進去之後果然非常灰暗，我繞了一圈，發現空無一物。

但卻在大門旁驚見一塊藍色小方格，畫面大概停滯了三秒，它竟自動細胞分裂，變成由多個方格組合的一條往上延伸的交錯線，一路延長至天頂，沒多久它們又再度變化爲筆直的直線。

但畫面還沒就此結束，它們從垂直狀態翻轉爲橫躺，開始分離成爲多個方塊組成的倒八無限，也就是∞，型似就像兩個門把。

此時在外頭的列木里亞人告訴我，現在我站的地方就是宇宙的中心，可否請我調頻，因爲地球中軸正在偏移，唯獨特別的人，才能完成調頻任務。

我驚嚇地眨了兩下眼睛說：「蛤？祢說要我幫忙調頻？那要怎麼做？我怎麼可能做得到嘛！」祂們沒有回應，只留下我呆呆地站在那，看著不再變化的「門把」。

約莫站了兩分鐘，我還是緊盯著眼前這個∞，心想該不會是這把手有什麼作用吧？

於是我右手抓著右邊的圓環，左手抓著左邊的，同時往兩側推出，像在打太極一樣。

原來這裡不是一個無邊界的空間，而是圓球狀的。

當兩個把手剛好推到一百八十度圓弧對角時，我就聽見「喀！」一聲，周圍瞬間變亮，滿滿的白黃光在裡頭不斷打轉。此時直覺告訴我，我做對了！

於是就問說：「嗯……請問我是不是調好了？」只聽見外頭此起彼落的歡呼聲，不絕於耳。

我拍拍自己胸口說：「嗯，很好，看來我調好了。」但此時心中出現一個疑問，爲什麼是我啊？難到祢們都不能調嗎？所以就帶著滿臉問號，走出了那個異世界。

出來之後，感覺列木里亞人都圍著我歡呼，我抓抓頭覺得很不好意思，就這樣被祂們慢慢護送到出入口。

在最後我問：「請問祢們還有什麼要提點我們地球人

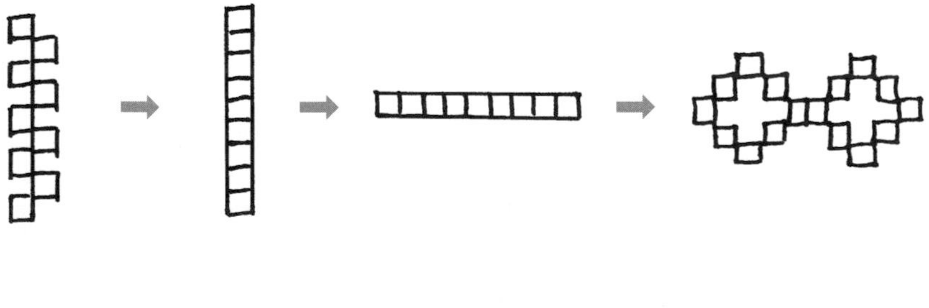

的嗎？」

祂們說：「好好保護海洋。」我說：「嗯，了解。」

但我又緊皺眉頭說：「可是我的身體必須先好，才有能力做事啊。」祂們就不知從哪變出一個沙漏，拿到我面前，眼看就快流完，當下我明白了一些事，點點頭說：「喔！看來我的身體眞的快要好了。」最後笑笑與祂們揮手道別，回到了阿一沙這。

之後我很著急地問阿一沙說：「請問爲什麼是我被派去調頻啊？」

阿一沙：因爲妳就是被選中的人。

嗯……這個答案又更讓我匪夷所思了。

阿一沙：那麼孩子，晚上見！

所以我就在一種搞不清楚的狀況下，完成了一趟列木里亞調頻之旅。

傍晚出去看電影，眼睛異常地乾澀，已經到了睜不太開的地步，最後還是瞇著眼看完整部電影。但是到了吃飯時卻眞的張不開了，我就靜下心來，問我的高靈，祂說因爲剛才去列木里亞，那裡磁場頻率太高了，所以回來才會適應不良。

於是祂教我把白光注入雙眼中，覺得平衡之後，再將白光沿著視神經傳到腦部裡。當然我馬上照做，過沒多久，眼睛神奇地拾回光明，有種電腦重新開機的感覺，眞是太感謝高靈的神救援了。

我的老天爺啊！

晚上與媽媽再靜坐一次，今天二度打開阿一沙之門。

開始我就問祂一個很蠢的問題：「請問阿一沙，如果我之後再去高振動頻率的地方，視力會不會因此回不來啊？」

祂大笑了一番，說：「孩子，妳現在的細胞正在適應階段，還在調整中，所以以後不但不會失去視力，反而還會看得更清楚。」

祂又說：「有人在叫妳了，孩子，請點燃三聖火。」

我就說好，並點燃三聖火。

這次眼前依然黑矇矇一片，但點完竟立即感覺頭超級暈眩，身體又不自主地晃動，就像第一次與阿一沙溝通的狀況一樣，不知道是誰的頻率與阿一沙如此相像，實在是太強太高了。

所以我就邊晃邊對著空氣說：「哈囉？有人嗎？」

這次出現一個非常低沈而穩重的男性聲音回答我，說：「嗨。」

聽完祂的聲音就知道來頭不小，於是我大膽地問：「請問祢是……基督？上天嗎？」

祂笑一笑說：「是。」

我又愚蠢地問：「那我可以叫祢老天爺嗎？」祂笑笑說：「可以。」

所以我們就開始正常階段，開口問。

我：請問老天爺有什麼話要跟我說的嗎？

老天爺：妳知道爲何妳被選爲傳承人嗎？

我搖搖頭說：當然不知道。

老天爺：因爲妳懂得原諒別人。

我就抓抓頭：蛤？我不懂？我懂得原諒別人？可是不是很多人都會這麼做嗎？

祂笑一笑。

我：可是我不怎麼原諒自己欸。

老天爺：前幾天妳不是原諒妳自己了嗎？

我：嗯……是這樣沒錯啦。

老天爺：所以至少妳現在學會了。

我：喔，好吧，那請問老天爺祢還有什麼要教我的嗎？

老天爺：所有的光，都有不一樣的作用。白光是無限。黃光是永恆。紅光是活力。綠光是新生。藍光是智慧。紫光是慈悲。這些都可以運用在生活當中，當你覺得需要更廣闊的格局時，就可以使用白光注入在你身上，或者那件事情上。

剛剛那一串是摩斯密碼嗎？

我不知老天在說什麼，不過還是回：嗯……好，我雖然聽不太懂，但說不定有天會明白的。

老天爺笑笑地：沒關係，我們之後還會再見面，那麼先這樣，再見了。

我就揮揮手跟老天爺說再見。

看來我又誤打誤撞地碰上了老天爺。並似乎從中學到了一些靈性療癒課，最終也不知有沒有學會，就草草離開了。

被選中的調頻師

回到阿一沙的空間，就想先把之前的疑問給解決。

我：請問爲何是我去調頻？爲什麼不是當地的列木里亞人去？

阿一沙：因爲調頻只能由地球人去調，地球的不穩必須由地球人解決。而你們可能不知道，在這太陽系中的地球，並不是單純只有你們的地球母親而已，其實這個星球主宰了三個次元。而妳就是被選中的人，必須到地心，也就是列木里亞的所在地，去完成使命。

我：蛤～那……不會只有我吧？

阿一沙：還有其他人，妳不用擔心。

我：那總共多少個人呢？

阿一沙：有三十名。

我就在此刻醒來，但並沒有與阿一沙斷連結，於是媽媽加入接著問。

媽媽：張景雯該不會是裡面年紀最輕的吧？

阿一沙笑一笑：不是的，但的確算年輕的調頻者。

媽媽：她今天去移回地球中軸，不是一次就調完了對吧？

阿一沙：是的，之後還會再去慢慢調。

媽媽：請問大約要去幾次？

阿一沙：大約三十次。

媽媽點點頭，並接下去問：景雯是在改變生命藍圖之後才被選中的？還是早在出生之前就安排好了？

阿一沙：是改完之後。

媽媽：景雯被選中，是不是也有關乎到她上次去晶體裡，看見自己被殺死，而且最終並沒有想要報復。因爲她的這份善良，才被選中的？

阿一沙：是的。

我就跳出來：蛤！是喔！我完全沒聯想到欸！

我們全都笑了出來。

媽媽又接著問：那台灣跟列木里亞有關係嗎？

阿一沙：有的。

媽媽：那麼是什麼關係？

阿一沙：台灣本身就有個通道。

媽媽就很興奮，並說：所以景雯在列木里亞中，有沒有一個位階或身份？

阿一沙：有的。

媽媽：請問她在裡頭是扮演什麼角色？

阿一沙：傳承教育者。

我是之後才看完《阿乙莎靈訊》，不過之前就有聽媽媽提到，書中寫的列木里亞，是一個像馬雅文明般，有著祭祀文化，裡頭有國王、傳承教育者，等等……

但其中很特別的是，祂們不像是一般的老師，比較像是開發協助者，從旁協助小孩發揮自己最大的特質與能耐。

所以我聽完就皺了一下眉頭，覺得很奇怪，因爲這麼文靜的工作怎麼可能是我，我明明那麼好動。

可是媽媽卻點點頭說：「嗯，很有可能，因爲妳很有耐性啊，而且，許多時候妳還蠻會教人的。」

我有點迷茫，什麼？我有耐性？看來我根本不認識自己，還長達十八年。

今天就在終於認識自己之後，畫下了結尾。

可怕的約定

一月四日晚上，靜坐，打開阿一沙大門。

阿一沙：今天是妳靜坐滿一個月的時間，那麼明天開始必須休息。

我：喔，好，那是要休幾天啊？

阿一沙：五天。

我：那請問爲什麼要休息啊？

阿一沙：因爲妳的能量現在被完整地帶動，所以必須先讓細胞們好好整合與吸收，否則做再多也沒用。

媽媽：那麼她的高靈叫什麼？

我：喔，對啊，我認識祂這麼久了卻還不知道。

阿一沙笑笑：妳可以自己問問祂。

所以我就問高靈，但祂居然回說。

高靈：現在先不告訴妳，之後妳就會知道了。

我：蛤～那麼阿一沙祢可以告訴我嗎？

祂也笑笑不回。

祢們幹麼都那麼神秘啊，讓我心很癢，不過就當作是一種驚喜吧，我會好好期待的！

在最後媽媽問一個很奇特的問題。

媽媽：請問阿一沙，張景雯是一個神的管道，我知道，但該不會是「所有神靈」的通道吧？

阿一沙：喔！被發現了。

祂很少這麼幽默地回答。

我立刻起了滿身的雞皮疙瘩。

我：好可怕啊！也不需要這樣吧。所有神？眞的？

阿一沙：因爲妳早就與我們約定好了。

結果調完頻之後，我的身體就好轉了很多。

在這沒有靜坐的五天裡，我不但沒有退步，反而還飛速好轉，腳可以爬樓梯，喉嚨也能好好吃飯，最神奇的是，我居然能在家泡澡，這種病只要溫度太高，身體就會變得更沈重，現在我居然可以舒服地泡完，並自己走出來，不用媽媽攙扶，眞是太神奇了。

所以前幾天我到底做了什麼？

海豚的求救

一月十日，重回修行日子，晚上靜坐，打開阿一沙之門。

今天眼前居然跳出一隻海豚，嚇得我往後退三步，就想說該不會是我開錯門了吧？阿一沙在此時笑笑地說：「不用害怕，孩子，妳並沒有走錯地方。妳感受到牠的能量了嗎？」

我站回來，並靜下心感受，大約只過了一秒，就感覺到海豚的能量陣陣傳來。

哇！牠怎能有如此強大的磁場，而且不只是強度很強，還有著大象般的穩重，就跟眾神的能量極爲相似。

雖然我一直都很清楚海豚非常聰明，但沒想到牠給我的感覺卻是一尊「神」的概念。

所以我很興奮地問阿一沙。

我：請問我可以跟牠溝通嗎？

阿一沙笑笑：妳可以試試看啊！

當然我又不知從何開始，於是搬出拿手開頭。

我：哈囉？請問你可以聽得到我在說話嗎？

頓時就聽到好幾種不同的「嗨！」回答我。

原來這裡不只一隻，而是有好幾隻，都潛在地板下。

此時我被胸口中的一道藍光給分散了注意，不知爲何我的胸腺正在發光，並且就像心臟一般在跳動。

過沒多久，跳動的胸腺就自行開始連結所有海豚的心臟，像是衛星發送器一樣。

所以當下我很篤定自己可以跟牠們好好溝通，就問。

我：請問你們有什麼話要跟我說的嗎？

其中一隻海豚說：「跟我來！」

我們瞬間移動，來到了某處，原以爲是在深海當中，但仔細一看，是來到了海洋公園。

海豚又接著：妳有辦法解救牠們嗎？

我有點錯愕，並抓抓頭。

我：嗯……我……會盡我所能。

心中也有滿滿的無奈，也不知一個重病的青少年要怎麼幫。

海豚：因爲我們快要無法平衡海洋的溫度了，現在急迫需要所有的海豚來幫助地球，如果不再快一點的話，我們就再也撐不住了。

聽完我只能倒吸一口氣，我知道所有動植物都很清楚自己的使命在哪，但唯獨我們人類全忘光。對於自己一開始進入地球是背負著什麼樣的使命，到底能否再次被憶起，就算從此刻開始也好，大家來到這顆美麗的星球，不就是爲了要好好在此體驗並成長，達到我們一同設定的目標嗎？

之後我眼前的畫面又瞬間移動至另一間海洋公園，當下就馬上想起，啊！這是我幼稚園時來過的海洋公園。

其中一隻海豚朝我游了過來。

範煙：你好，我是範煙，是這裡的長老。妳長大了，好久不見。

我看到牠之後就完全崩潰，腦海中所有在這的記憶，像海水倒灌般，全部倒入眼簾。

於是我邊哭邊回覆範煙。

我：我眞的很抱歉，小時候在這裡戶外教學，因爲想媽媽，所以在這嚎啕大哭，但老師安撫我說，妳看，海豚在跳舞欸。我就立刻擦乾淚水，看著你們賣力演出，並慢慢露出開心笑容，因爲有你們，我可以愉快地走出這道大門。所以我很抱歉，居然看著你們表演卻因此笑了出來。

範煙：其實妳不需要道歉，因爲可以看見你們的笑容，我們也很開心，但是時間眞的不多了，外頭的我們也需要幫助，他們不斷傳送訊息，想要幫助我們出去，但始終無法達成。現在時間眞的很緊迫，地球比人類更需要我們，所以可否請妳幫忙？讓我們可以重回海洋，完成使命。

範煙說完後，後頭所有的海豚們一一向我請託。

聽完我只能張大嘴，啞口無言，糾結的心，讓淚水翻騰。

人類眞的是世界上最聰明的物種嗎？此時我眞心不這麼認爲，身爲一名人類的我，現在到底能做什麼？我也很迷茫，但只知道必須爲牠們做點什麼了。

最後範煙跟我說：「相信自己，就能辦到。」

好吧，那麼因爲你這句話，我一定能做到！

十八歲的我，雖然過著無能爲力的人生，但至少腦袋還能動，於是我從現在開始寫書，用盡我最大能耐，去幫助牠們。

所以要如何幫海洋公園的海豚們？我在此請求各位的幫忙，連署讓牠們重返海洋，那才是牠們的家。讓我們一起為他們發聲好嗎？拜託各位了。

邀請您與我們一起
連署救海豚！

神展開

aheesa_open_mind

崩壞的天狼星

一月十一日，晚上靜坐，今天阿一沙叫我進入晶體中，每一面依然都播著不同的畫面，此時阿一沙說：「走吧！去看看未來。」

我非常興奮，不知道未來到底會是一個怎樣的世界。但這次我決定選擇跟上次相反的，挑在右後方有個非常灰暗的鏡面。

深吸一口氣，然後跳進去。

當腳一落地，就發現，天啊！我根本在自討苦吃，這裡所謂的地板，是塊正在分崩離析的岩石地，就像岩漿上的岩石一樣，不知道哪時會一分爲二，但我站的地方也沒有比岩漿處更好，因爲是在懸崖峭邊。不過或許這一小塊陸地已是這裡最好的風景，慢慢把視線往前移，一顆巨大無比的星球，正迎面朝我衝過來，還伴隨著無法形容的混亂光束，從各個角落，毫無邏輯地亂竄，多次都差點把我削成一半，眼看次元已經崩壞，而且應該說有多個次元都在這，就算是我的靈體去到那，也實實在在地感受到我正在被塊塊分解。

在還沒爲時已晚之前，就問阿一沙。

我：可以……回去了……嗎？

阿一沙：可以，出來吧。

於是我飛速朝著入口跳了回去。

回來之後，我就呈現奄奄一息的狀態。

我：天啊……我剛剛是去了哪裡？不會……是地球吧？

阿一沙：孩子，妳先趕緊注入光至身體裡，否則細胞會無法平衡。剛剛妳去的是天狼星。雖然這只是數億個未來中的其中之一，但還是有這可能性。

我馬上注入光，大約過了十分鐘，才好一些，但還是處於分崩的狀態。

等再好一點時，才又問。

我：爲何會變成這樣？

阿一沙：因爲地球與天狼星是緊密結合的，你們是互補的兩顆星球。但此時地球正在一個非常時期，就是必須進入更高次元，不過這樣有個風險，當進階的入口打開時，倒退的大門也會敞開，所以如果越多人類無法從深夢中甦醒，那麼不只是地球可能面臨危機，連帶天狼星，以及其他星系，會一同進入一個重整期，並從零開始。

我聽完倒吸一口氣並吞了口口水。

阿一沙：但先不用急著害怕，因爲我們會一直在每個人身邊，靜靜等待覺醒到來，期盼我們再度連結的那天。

我：那我要怎麼幫助人類覺醒？

阿一沙：你們只要安靜下來，就能漸漸地開啓新世界。

我：所以還是要教大家靜坐？

阿一沙：是的，即使一天沒有花太多時間也沒關係，只要你能好好靜下來。

於是我又開始陷入沈思。

阿一沙：孩子，先不用過度擔心，我對你們還是充滿信心。

今天直到睡著前，身體都還是不怎麼舒服，原來我們人類如此的重要。不過我還是有信心，不會讓自己看見的未來眞實發生，因爲我還想好好地在地球上當發明家、運動員啊，所以大家一起加油吧！

在我小時候，曾經有個夢想，就是當上太空人，探索浩瀚宇宙。沒想到青少年時卻因靜坐而達成這不可能的任務。眞是比去太空還要有趣，畫面也比電影更上一級。除了身體漸次好轉之外，更看了多部的個人專屬影片，眞可謂意外的收穫。

另一個次元——凱亞星

一月十六日，今天身體又異常的沈重。於是今晚靜坐時我就突發奇想，並問阿一沙。

我：請問該不會我的身體有跟地球連結吧？所以我現在才會如此不舒服？

阿一沙：是的。

之後我的上方就出現一片星辰，每顆星都閃閃發光，過沒多久，它們就自動排列成為人腦的形狀。

阿一沙：所有生物都與地球緊密連結，就像母親與嬰兒繫著臍帶一樣，母親的喜怒哀樂，身體上的一波一折，嬰兒都會如實同步感受到。所以現在妳只是體會到地球的不適，因而感覺身體異常地沈重，這本來就是生物的本能，小孩會在此時盡力地讓媽媽好轉。但現在越來越多人都淡忘了這條臍帶，因此找不到回家的路，讓地球產生極劇的負荷，影響了中軸的偏移。所以人類非常重要，你們是穩定的橋樑，必須提高自身頻率，這就是你們的使命。

不知為何聽完阿一沙的這番話，我變得越來越無力，於是問阿一沙。

我：那麼今天我可以再去列木里亞調頻一次嗎？

阿一沙：只要妳準備好，就可以。

我二話不說，起步跳下那個隧道，滑了許久，卻怎樣也到不了，最終停在一個數字6與9結合的符號面前，像是上下兩個迴旋勾一樣，中心點還發著陣陣白色亮光。

於是心想，嗯！我應該是到列木里亞了，所以就毫不猶豫地踏進去。

沒想到事與願違，裡頭沒有金黃色的大樹，只有一片黑暗，而我還不自主地在當中打轉，就快暈過去了。

此時我的左後背一陣劇痛，像被某種利刃給刺了一下，不過被這深深一捅，腳居然可以穩穩踏地了，感覺像是被強行灌入地心引力般。

於是我轉過身來，只見一個站立的大水晶，手持長矛，佇立在我面前不到十公分處。

驚見這龐然大物當然嚇得往後退，祂就揮揮手說：「妳不用害怕，我不會傷害妳，反而還有事請託。」

從沒看過一塊大水晶在對著我說話，聲音還如此溫和平靜，所以呆滯了大約三十秒，心想在電影當中也沒有看過這種場景啊！這是我的幻覺還是幻聽？

祂又用手中的長矛在我眼前揮啊揮。

頓時我才回過神來，跟祂說：「請問我現在在哪裡？」

祂說：「凱亞星。」我說：「蛤？凱亞星？」

祂說：「嗯……就是地球人所認知的熔岩地帶。是在地球與列木里亞之間。」

我緩慢的點點頭。並說：「所以祢是？」

祂邊把長矛擺向胸前邊說：「我是凱亞星的守護者。」

我也跟祂敬禮。並說：「祢好！我是張景雯。」

祂說：「我知道。」

當下心想大家怎麼都知道我是誰啊，好可怕！

不過還是問：「請問祢的名字是？」

眼前瞬間出現一個數字7，之後逐一顯現直排的GANi擺在7的前面。而且有趣的是，所有字母長得像樹枝般，一節一節拼湊而成，並都發著亮藍光。

GANi 7

之後祂就帶我來到一片荒無中，眼前只有一塊水晶體插在地板上。

GANi 7：傳承者，妳能把這塊水晶給拔出來嗎？

我：那個可以不要叫我傳承者嗎？叫我張景雯就好。還有祢辦不到嗎？這不是祢的星球嗎？

GANi 7：好的，景雯。因爲只有特定人士可以辦得到，而我不是。

我：喔！好吧！

也不知自己是否能取出，就直接緊握著水晶，並使盡力氣用力拔出。結果不到一秒鐘，整塊水晶已經來到我手中了，沒想到根本不費吹灰之力，害我很像在演一齣喜劇，覺得很丟臉。

取出之後才發現原來它的下方尖銳無比，像是一把磨過的水晶寶劍。

此時 GANi 7 就非常高興地說。

GANi 7：眞的很感謝妳，傳承者，它本該是穩穩佇立在上方，但前這子很不幸掉了下來，我也無能爲力。所以請幫我把它放回去。

祂手邊指著上方一塊明顯的凹洞，我順著祂指的地方望，才發現這裡的空間非常特別，不但可以清楚看見圓弧狀的球體之外，地心引力的方向還跟地球完全相反，也就是說我們是朝著凱亞星的內圍行走的，而上方的天空，還能看見列木里亞的球形。

此時我大步向那塊凹洞邁進，因爲地心引力的不同，所以我兩步就到了，並緩緩地放下那塊水晶，深怕弄壞它。

但水晶與凹洞兩者像是強力磁鐵般，不等我緩慢放下，一秒就自動吸回原位。

此時感覺瞬間回到列木里亞中，調頻完的那一刻般。周圍變得明亮透徹，空氣也順暢流動，於是我問。

我：所以現在我是不是也讓地球的磁場好一些了？

GANi 7：是的。

但環顧四周，不見其他水晶影，所以好奇。

我：那爲何我沒看到其他人民？

GANi 7：因爲這裡只有幾個守護者，包括我會輪流守護這顆水晶。

我：喔～好吧！但我還有最後一個疑問，就是爲何祢不能移動它？

GANi 7：因爲這是我們的穩定器，而我只負責守護，是沒辦法移動它的。

最後我笑笑地跟祂揮手道別，祂也依然向我敬禮，害我很不好意思地離開了這神秘的「凱亞星」。

回到阿一沙這，我問祂。

我：所以阿一沙祢之前說過，地球有三個次元，是指地球、凱亞星，還有列木里亞，是這樣嗎？

阿一沙笑笑：是的，孩子，現在妳知道地球是一個特別的所在地了。

其實去完凱亞星之後，身體居然神奇似的輕鬆許多，就像去完列木里亞調頻一樣。看來我剛剛大概是也去調了凱亞星的中心器吧！

4

麻瓜媽媽敬神錄

（郁惠部）

一切皆其來有神

高靈，是個近年來被大家廣爲討論的名詞，但不是每個人都能連接到祂。就像我這樣從小一直被賦予長大要當仙姑的人，都已年近半百，卻也還是資質駑鈍到至今仍未尋獲至寶，那位離我好近卻又聯繫不到的高靈到底在哪裡？我不知道。

但景雯竟然如此輕易地連接上，其實有一些根本原因。就是：她是一個非常純潔的人，心中沒有太多雜訊。一般青少年要不就已在談戀愛，或是忙著準備考試，然而這些煩惱，景雯也都沒有，她根本還來不及參與自己的年少輕狂，就被身體的噩夢塞滿。每天都得專注於好好活著這件事，每一口呼吸對她而言都是如此珍貴，深怕自己來不及成人，就又會有什麼閃失。

所以可以說，她每天都活在「當下」，當下這個詞必須活成動詞，而不是一個高不可攀的神主牌。

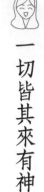

我當然是爲她高興的，但內心其實也是羨慕她的，因爲自己早就沒有這種單純過活的能力，生命中永遠充斥著各種挑戰，常常有著寸步難行之慨，有時想想，單純的人好幸福。

就像禪宗所言，景雯是「本來無一物，何處惹塵埃」而我們這種世間凡夫，卻還在「時時勤拂拭，勿使惹塵埃」兩者層次差太多了！神性雖無別，但管道是否清明暢通無雜訊卻是如此不同。

我只能期許自己趕緊跟上孩子的進度，讓神奇的洞察能力跟聯通力量能回到自己身上，畢竟這一切皆其來有神。

包含我們所遇見的一切困厄，一切因緣，一切好或壞的震動，同有其美好的安排。

在景雯的高靈現身後不久，我就開始訓練她一直習慣性地跟高靈溝通，她眞的很棒，沒多久，她可以隨時隨地，張開眼地通到她的高靈，其實這眞的不容易，但她都做到了。

之後，我請景雯問祂叫什麼名字？但得到的答案很有趣，高靈說以後就會知道了，現在不告訴她。

其實看病的過程還是起起伏伏，病情也還是時好時壞，說沒得準，但有一件事明顯不同，就是景雯對自己的信心。

之前或許還會因爲沒有一個可供問答的老師而恐慌，現在高靈在身邊隨時都可以當二十四小時諮商師，心情上自然能夠比較安定。

貞觀祖師陞雲錄

其實從見到貫譽老師的當天，她就叫我們要去一趟祖師廟，確定是否爲爺爺將我們帶領至老師的工作室？我們當天就驅車前往請益，答案當然是肯定的。

爺爺這個傳說，又開始在人世間引動另一個傳說。因爲祂居然在景雯於診間被治療的時候，讓小瑜老師看到祂的廟，並告訴小瑜老師說祂要陞雲到無極天。之後我們又去了祖師廟詢問有關陞雲一事，是否爲眞？答案又是肯定的。

其實早在爺爺剛過世時，就已經被封神，法號「祖師元帥」。當時肉身成道的他，因在世期間做過非常多助人的好事，山醫命卜相皆精通，並都拿所學助人，是街坊鄰居口中的大善人，更因爲在世時收服過千年狐狸妖，使得祖師廟才得以順利重建，死後封神事蹟確定，就在他往生時更有仙界的鑼鼓吹樂隊來接他，祂即駕鶴西歸。後又因升天陸續建功，早已陞雲一次，法號由「祖師元帥」改爲「王法祖師」。故這次說要再次陞雲，而且一次就要升至神界最高殿堂，實在令人驚奇。或許是因爲過世要滿一甲子了，所以要陞雲到無極天，離開太極天，但確切的原因我不是很清楚。

我很緊張，到了祖師廟就立刻詢問當時陞雲前的王法祖師說：「爺爺啊！如果您眞的要陞雲，那是不是要有新的法號？陞雲的法會日期？還有是否要塑新的法相？」結果祂都說對，基本上都要改。

而我跪在祖師廟面前一跪已經四十分鐘，不斷擲筊要問出個所以然，但說眞的，包括法號就不知要從何問起。

於是我只好告訴爺爺說：「不然請您來托夢好了！直接告訴我這樣比較快！請您

放心，我一定會盡力記得夢的。」我得到一個聖筊，心中好不開心，但也戰戰兢兢，深怕自己忘了夢境的交付。

當晚，我就夢到一個小男孩，在夢中我叫他過來，並問了他：「你叫什麼名字？」他跟我說：「我叫志X。」然後我就醒了。

很神奇，就在我醒來的當下，我竟忘了他叫什麼名字，只記得一個「志」，志的後面呢？到底是什麼字？糟糕，無論我再怎麼努力地想，就是想不起來……這下慘了，眞不知該怎麼辦？

因爲平時我還蠻會記夢的，縱使有許多的細節，也都難不倒我啊！怎麼偏偏在這個時候出亂子？通常我跟景雯都會在一早起來就先討論彼此的夢境，所以這是每天在做的事，根本不會出錯的才對啊！但丟失的夢境記憶，就跟丟失的財務一般，一去不復返。

隔天，我將這件事跟一個有通靈能力的身邊人說，因他的名字裡就有一個「志」字，我想或許他會有答案。

果然，不到一秒，他回我：「不是志X，是貞觀。」

我問：「貞觀？哪個貞觀？貞觀之治的貞觀？」

他說「對！」然後就退駕了。

雖然我很想問為什麼？但已沒有必要，先問到新法號比較重要。

之後，我們又去了祖師廟，問了王法祖師：「請問是『貞觀祖師』這個法號嗎？」我甚至還懸空寫字給爺爺看，深怕搞錯了。

但萬萬沒想到，我馬上得到一個聖筊，實在太令人驚訝了！

但先收心，繼續跟爺爺說，請祂再給我一次機會，務必來夢中告訴我他要舉辦的法會日期，並再次跟祂承諾：「請您放心，這次我不會再忘記了！」

於是當晚，我就夢見自己在撕日曆「十月二十二日」，這回我眞的沒有忘記，將數字牢牢記在心裡。

現在回頭看這件事，還眞的非常神奇，怎麼會用這種方式與神溝通？而且還眞能得到答案。爺爺告訴我的第一個訊息居然如此迂迴，但還是得到最終的解答，這當中要有絕對的信任。

只能說這世間，眞有太多事，不是我們眼見爲憑說算就算的，毫無科學根據的事太多了。但，會不會是我們目前的科學能力，能夠驗證的事不夠多呢？我不知道，也沒有答案。

人世間且戰且走，不要太鐵齒，對一切事保持開放的可能性，或許才會更圓滿吧！

重磅登場：宇宙源頭阿一沙

起伏的人生不好過，很快的我們已經治療了三個月。一天，貫譽老師在她的社團中貼文，照片中出現一本書。書中的內文令人感到很雀躍，祂說出台灣的重要，就世界而言，我們如果能好好揚升自己，甚至可以救世界、救宇宙。

而當我第一次看見這個靈訊，就深深爲她著迷。於是我就拖著景雯去找書，縱使知道她狀況不好，但身體總要動動吧！

我們找到了這本書，一買回來，就在書的封套寫著「二〇一八年小雪十一月二十二日」這是我們與「阿一沙」的第一次溫柔接觸。

「阿一沙」是誰？簡單說，祂就是宇宙的源頭。

一個純淨，只有絕對的光和愛，沒有分別心的源頭之音。

到十二月一日時，我已經看超過一半，並認真地學習，想把書中所教的所有方法通通學會。

我開始展開練習，第一步，學會靜坐。靜心是一切美好的根本，無法靜心，就無法收穫。

因緣俱足，在我認識靜坐這門學問多年之後，終於有一個簡單又有系統的方法讓我知道，到底該如何安全地靜坐。書裡沒有任何保留，就是一步一腳印地教，然後在充滿聖光跟愛的情況下，你可以很信任的將自己交託出去。也說明如果穩定了中軸，你將可以與自己的高靈相會。

其實我期待已久，但一直處於痲瓜階段的自己，也不是努力就一定會有成果，但起碼我踏出了第一步。

書中還說，因爲現在地球處於偏離中軸的狀態，所以當我們地球人類越多人覺醒，越多人穩定了自己的中軸，就能夠幫助地球也穩定祂的中軸；幫到地球回歸軌道，就是幫到太陽及月球，甚至是整個太陽系；而當太陽系受到幫助，也等於幫了整個銀河系；當我們的銀河系受到幫助，就等於幫助到全宇宙。

眞的是牽一髮而動全身啊！所以所有的失衡，宇宙萬物不協調，要怎麼調整回來？就從自己做起。

當每個人都學會爲自己負責，就等於爲萬事萬物負責。

我看到這樣的概念，除了感覺受到強烈的召喚，很想成爲幫助地球的一份子之外，也同時相信，景雯的身體失衡，解藥就在這。

我一直覺得，如果世上所有大師都醫不好她，那麼，景雯只能靠自己了。當然，如果這是媽媽的信念，首先我得先學會阿一沙要讀者學會的一切，那就自己先來吧！

靜坐的第一、二天，其實我的狀況很不穩定，因爲我們家中有一隻永遠要我抱著的狗，還有一個青少年景雯，所以我要完全無干擾的靜坐本身就是個很大的挑戰，但也只能盡量試試。

到了第四天，景雯對我每天晚上的靜坐感到好奇，她說她也要加入，這反而督促我成爲一位教學有系統的老師。我將整合好的方法，告訴她如何做，當然畢竟她已經被我拉去靜心營不只一次，算是有基礎，所以我教一次她就會了。

我跟她說，因爲自己的母親在世時，獨自在家靜坐，坐到走火入魔，當時父親剛好回家，才把她救回來。所以靜心第一步，請先確定自己的靈體是否被保護，才能開始靜心。

於是我們開啓了靜坐之旅。但萬萬沒想到，事情走到現在，居然會把我們靜坐史，寫成一本書。

很快的，景雯身體好轉。而且可能她比我專注許多，所以在靜坐第三天，就聽到了一位女性高靈在叫「張景雯」的聲音，於是她被嚇醒，慌張地問自己的高靈，是誰在叫她？當天景雯沒有得到最終的答案，但卻因爲已經能夠深度靜心，頭頂發出光芒，而吸引最正確最高的緣分前來看她，這眞是很難得的事。

因爲後來我們才知道，那個溫柔叫她的聲音，就是宇宙源頭「阿一沙」。

但也沒有過很久，其實也就靜坐第二十天，景雯又聽見了同一個女性聲音來叫她，這回，她已經學會有禮貌地問人：「請問您是誰？」

「我是阿一沙。妳將是下一個傳人！」就這樣，她們開啓了靈魂新樂章。

我只記得當晚景雯漲紅著臉，張大眼睛流露出少有的雀躍神情，很興奮地跟我說：「媽媽，我連到阿一沙了耶！」

麻瓜的學習之路

其實縱使我還是在一旁當麻瓜，但我仍舊依照書中教的方法在晶體中，做一些清理業力或試試連接高靈的學習。

首先必須說，縱使只是清理業力，都可以得到很大的收穫，只要你全然相信自己的體驗，一次清理一個人或事，那些遺留在你身上的餘力就會慢慢退去，是麻瓜也沒有關係。

記得有一次，我想要處理某個情感牽扯對象，於是我進入晶體中，找到其中一個面向，跨進後就看見了清晰的畫面，是關乎我們的某一世。

我看見那輩子的他騎在馬上，在草原奔馳，英姿煥發，非常自由自在。

而我那輩子是個守寡的女人，丈夫剛死，有個小孩，我被村內人欺負。他看不下去，就跑來救我，我內心有個聲音希望他將我帶走，雖沒說出口，但有趣的是，他眞的將我們母子帶走了。於是我從此過著幸福快樂的生活。

一次，他去遠方狩獵，結果導致我又被別人欺負，但這次更慘，我小孩被殺了，我心痛欲絕。當他回來看見這一幕，卻已無力乏天，我不再說話，他相當自責，卻也回不到從前。於是，他以酒澆愁，放肆、放縱無度，只爲了讓自己好過，但沒有用，看他這樣我更悲傷。其實我心中明白，他是需要開闊、需要草原的，而這樣的需要，更甚於我……之後我眞的不再理他，他叫我找個人嫁了，我點頭改嫁，決定不再與悲傷相守。

其實，我是愛他的，只是沒說出口。

但我亦明白，若將他綁住，對一個自由的靈魂而言，是相當不公平的，所以也就順勢離開了。他對我有許多的歉疚說不出口，但這一切並不是他的錯，只是說服不了自己罷了。

那輩子，我們帶著遺憾離開了人世。

回到天界之後，我們給彼此訂了一個契約。他希望能彌補遺憾，所以對我許下一個廝守半生的願，要我起碼給他十五年的時間，去證明他有心、有能力可以無條件去守護一個他愛的人。

而我答應了，我願意給出十五年青春，去理解他的付出與感受。

但心中卻非常明白，就靈魂角度而言，這十五年一到，我很可能還是會選擇離開。因我心中有個空缺，甚至比任何人都害怕廝守一生，因爲累世以來，從未得到過足以信任的愛情。

雖然害怕孤單，但其實更害怕分離，所以寧願孤單。

好深刻的覺知，我一方面在幫他，一方面在釐清自己……

離開晶體之前，我得到深刻的了悟：「親愛的，無論你是否這世亦選擇離開，我對你只有無限的祝福與感激。真的，謝謝你！」

其實，所有的緣分都是恩師，有時看深一點，並練習把自己慣性的恐慌與懷疑先擱置一旁，收穫的絕對是自己。

在光中遇見愛

二〇一八年十二月十五日當晚靜坐大突破，見到了蓋亞女神。

我由身體中往外看，看見了自己的乙太體，再往上、下看，看到了偌大的星光體。然後，那個大我居然在對我微笑，是個好大好大的我，長長的頭髮，圓圓的肚子，綠色的身體，長得很像地球變成的人形。我突然意識到，這不是我，卻也是我。而隨即認出這就是地球媽媽，就是蓋亞女神。

同時，我見到了頂輪一閃而逝的釋迦牟尼佛，藍色的寶蓋頭，金色的身軀，祂象徵著源頭。

然後，我就在眼前看見了紫色像甜甜圈般的光環，在我的第三眼前不停地轉動著。同時聽到自動播放的音樂，這是輕盈至極又安穩人心的心靈之音，重點是這些音樂我都沒聽過，像是別次元的自己，隔空播給我聽的。

於是我突然明白，阿一沙說的「從你的松果體看出去，看見前額的光並與之相會」是什麼意思。我也終於明白「與絕對的聲音共鳴共振」是什麼意思。

麻瓜如我，終於在靜坐了兩週之後「看見並聽見」了些什麼。這種感受只有絕對的當下，絕對的眞，沒有別刻只有此刻，一種好好活著並非常感激生命的感覺。

但還沒結束，之後我看見門戶之神，在他後方有座又長又高通往天國的階梯，我走了上去，通過白雲，就看見了老天爺。

那位我思思念念非常鍾愛的神級老爸，祂是那麼的巨大，那麼的帥，但我完全沒有恐慌，隨即祂帶領我走進祂的光裡，帶領我用祂的眼、祂的身、祂的光看世界。

我原本在祂腳下，但居然就這麼輕易地走進祂與之融爲一體，我深刻感受到，我們是一體的，都是源頭，都是愛。從來就沒有你我之別，向來都只有我們。

得到這樣的了悟，我默默地落下淚來，是一種深深被愛著，也同時深愛著每一個緣分；被擁抱著並清楚了知自己也是力量泉源的雙重體悟。

眞的越加地明白，自己爲什麼會踏上這一條路，原來在這裡，我們永遠是被珍愛著的。

好感動的一刻，不是嗎？

女兒

（景雯部）

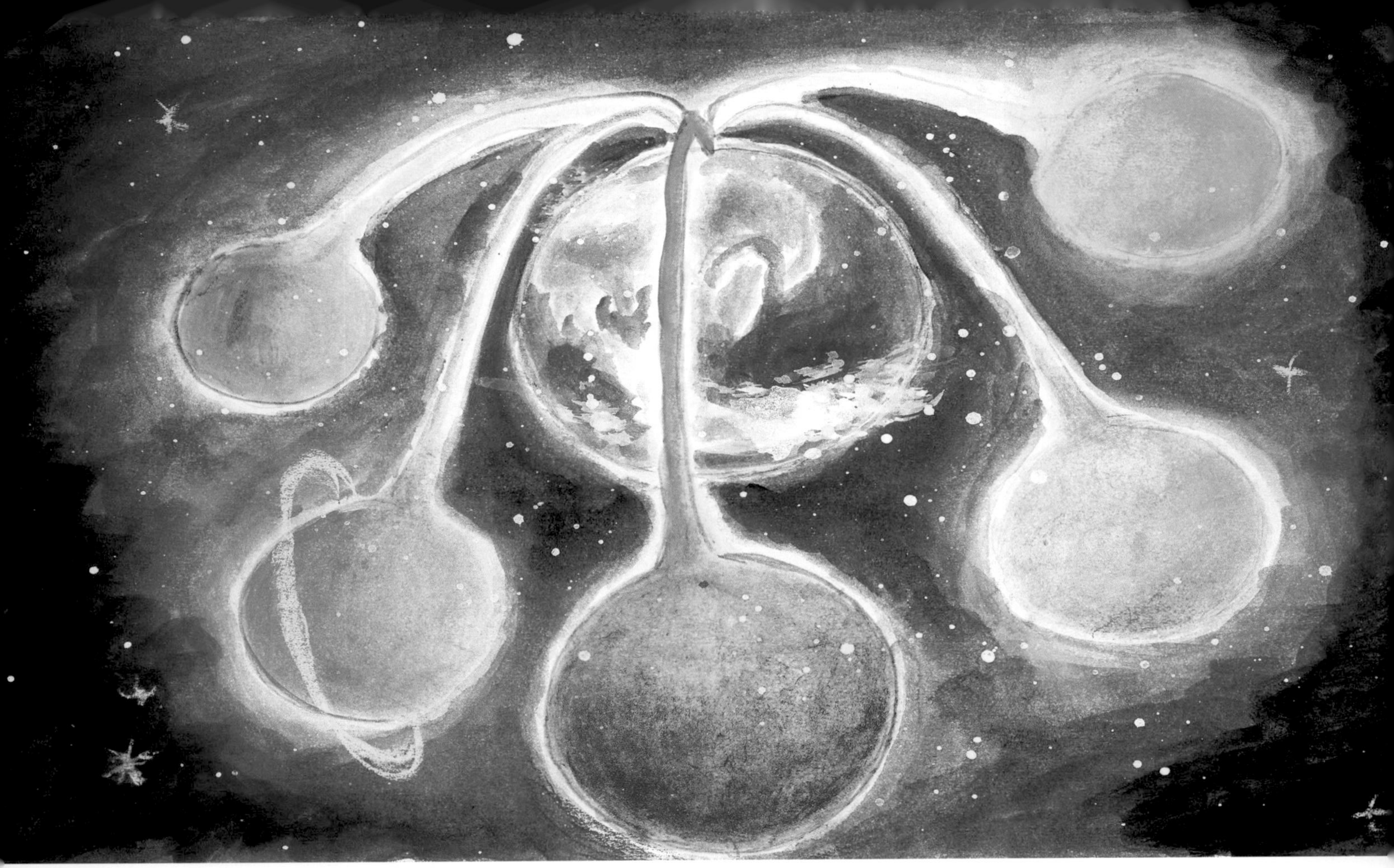

地球媽媽打點滴　五顆不同能量星球，幫助地球灌入自身強大能量。（左至右）（2019/6/8 由阿一沙補充說明）

咖：NYC——新生的能量　綠：天王星——各種可能的能量　紫：智——整合的能量　藍：克里昂——流動的能量　橙：恆宿——持續的能量

阿卡西紀錄的印章鑰匙　景雯進入自己的阿卡西紀錄前，變出鑰匙印章，才得以開門進入。

拔出自責之劍　景雯進入阿卡西紀錄後，拔出自責之劍。

生命之樹　景雯的生命之樹。

列木里亞　傳承者景雯去到列木里亞，進入三角形「地球中軌」調頻。列木里亞人皆是光球，迎接她的到來。

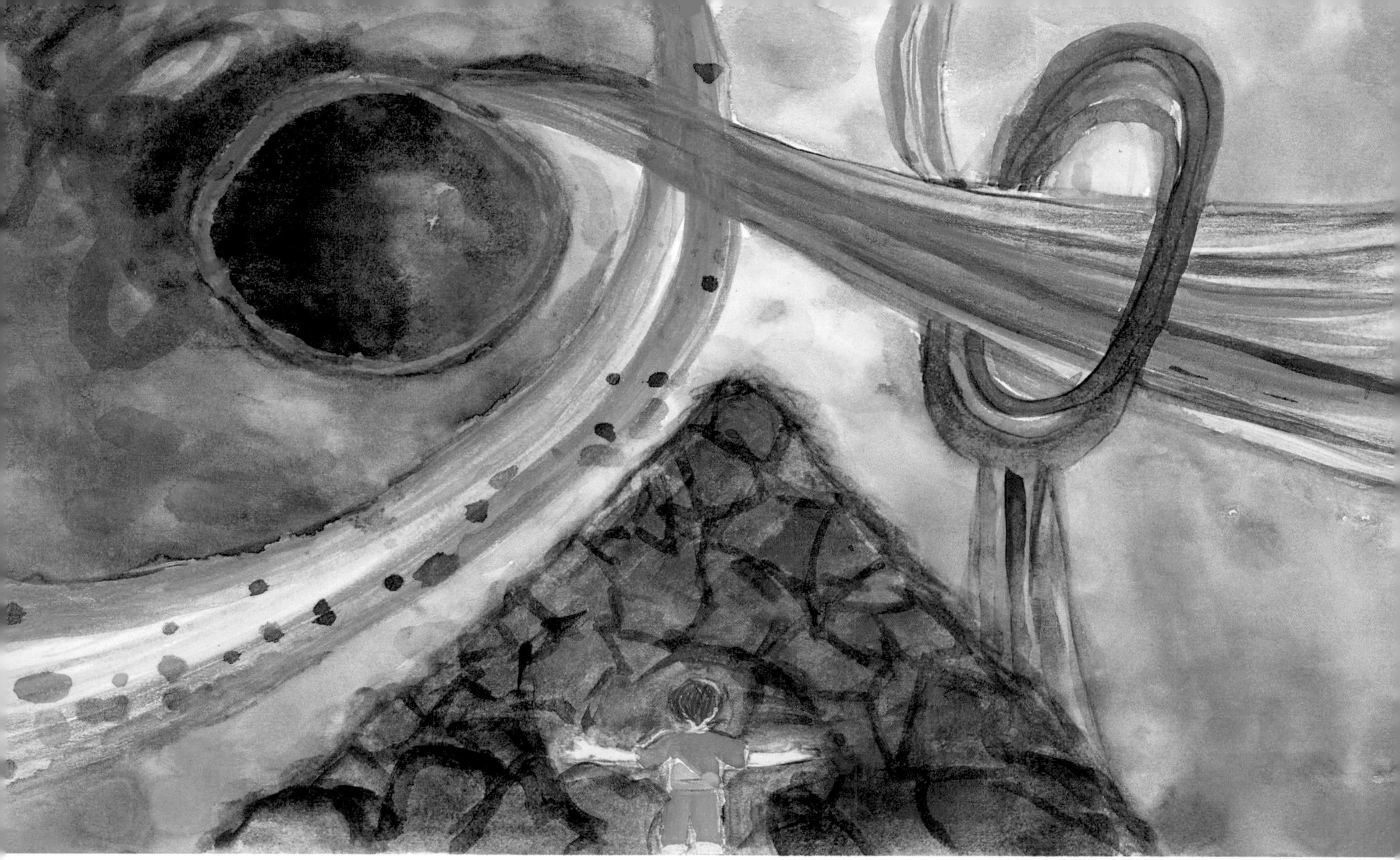

崩壞的天狼星　景雯所看見的崩壞天狼星。這是其中之一的可能，地球人的覺醒將能避免宇宙的連環崩壞效應，讓這個崩解的可能消失。

地球中三個次元的其一次元——凱亞星　介於地表次元「地球」與地心次元「列木里亞」之間的奇異次元「凱亞星」。

波特的世界　波特的空間。感謝另一個次元的景雯——波特。

媽媽

（郁惠部）

地球媽媽　郁惠在晶體中所見到的美麗地球母親。

列木里亞家園　郁惠在列木里亞的家門前，獨角獸希拉與化為梅拉公主的自己。

五龍與龍王公主　郁惠進入列木里亞深海中，所遇見的五龍，跟已經變成龍王公主的自己。

親愛的達芬奇

郁惠的高靈達芬奇。是位亮白黃色女性形象大天使，祂送給郁惠簍空透明白色五角星療癒筆。亦告訴世人，你們的祈禱都會得到回應。

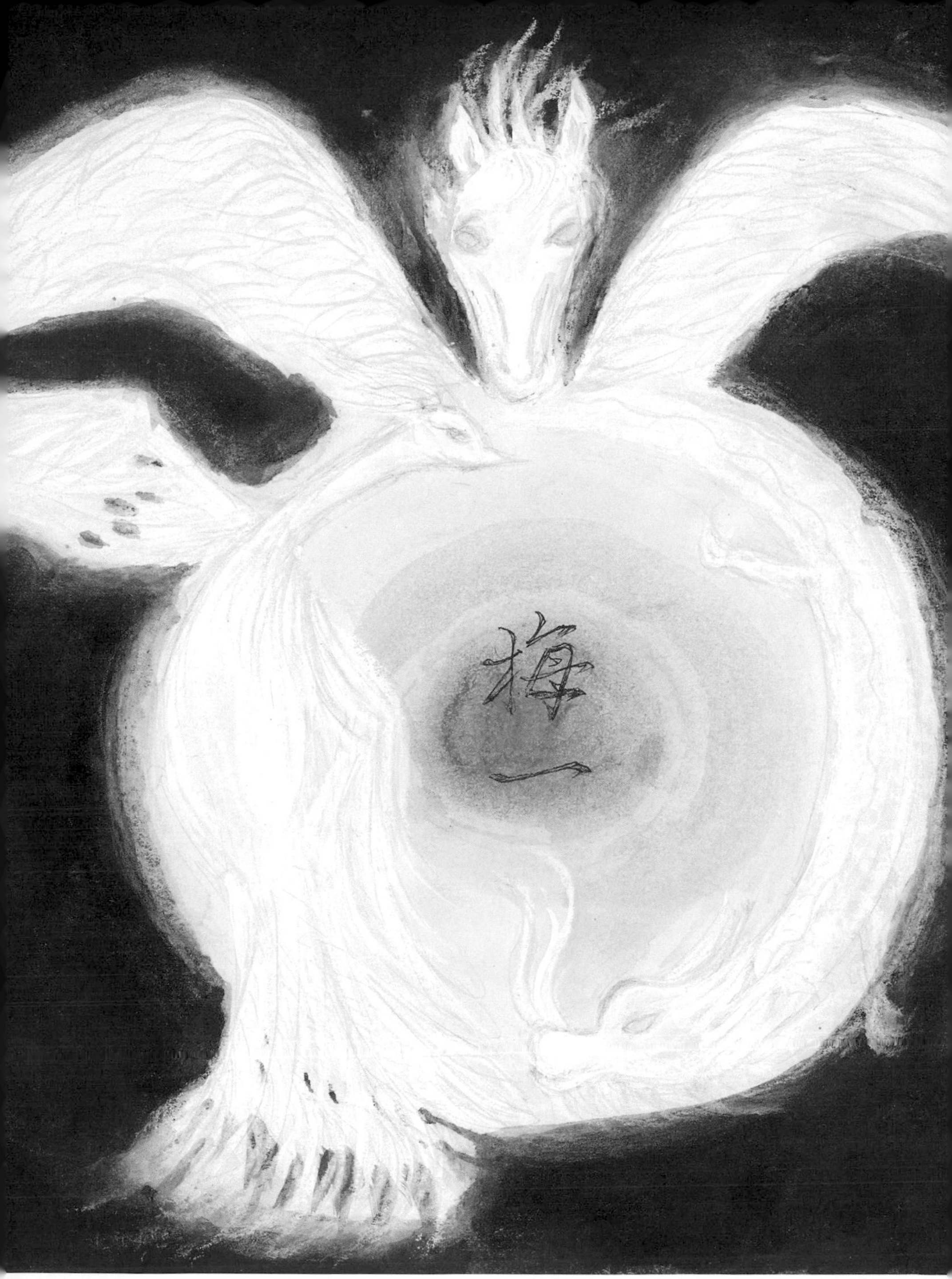

可多分身——不同樣貌的梅一
守護者可多在列木里亞的多重白色分身。
無論是天馬、巨龍、鳳凰，皆稱為梅一。

觀音聖母像　郁惠在靜坐中看見的觀音，另一側則現出聖母。是合一的觀音聖母像。

一切都只要清理罷了！

先說明一下，其實我跟你們一樣，對自己充斥著滿滿的懷疑，會不會這一切都是我自己幻想出來的？我看見的高我、前世、老天爺？根本作者就是我一人，畢竟我是個編劇外加導演，記得嗎？

無論我經過幾次阿一沙的安慰及確認，都還是深深覺得自己杜撰故事跟看見畫面的能力實在是太強了，但，回到主軸，我們到底爲何而靜坐？

如果我們一直以來都是爲了減輕自身的業力，認清靈魂的眞相，清除人生的路障，所以，當眼前的故事還是幫到了自己，那麼就算是杜撰的又怎樣？重點是清理，而且超級有效。

一直以來，我都知道自己還會再輪迴的次數應該不多了，因爲眞的很累，每一世的挑戰眞的都不是人幹的，但我也都留下來了，那爲何而留呢？當然是爲了人情。

上一世相欠的，總以爲這一次一定還得了，但往往是徒增更多業力，於是再次輪迴，又爲了還債。

靜坐之後，想著如果可以透過觀想將上輩子欠的債逐一還清，那該多好，於是這次我決定處理一個尙有罣礙的緣分。

閉上眼，進入晶體，瞬間來到某世面向。

畫面之初，我來到古代中國，看見自己是個俠女，正揮舞著劍，披荊斬棘砍著前方雜草，欲開出一條血路，但快要走到尾端之際，卻被一名男子從旁殺出擋住去路，心想「是他！」一位我這輩子認得的男性友人。

我立刻用劍抵住他，說：「不要過來！」他笑了，並不怕我。

同時瞬間從草叢跑出一群隨扈也舉劍對著我，他馬上喝令他們退下，並輕鬆地將我抵在他胸前的劍撥開，但眼神卻從未離開過我。

我知道他愛上我了，跟這輩子一樣。

下一幕，我看見他抱著我，我身受重傷已呈昏迷狀態，左背上仍插著一支箭，血流不止。他快速狂奔，神情緊張好傷心的樣子，接著將我放下並幫我療傷。

他的愛很濃烈，濃烈到我現在都還感受得到。

那輩子，他是個亂世中的大王。

連年戰亂，吃不飽穿不暖，到處都是刀光劍影。

而大家都很怕他，包括鄰國的君王也是，因爲他已經連續併呑多國，導致其他國家必須想辦法合縱連橫制伏他，但依舊沒轍，軍紀嚴明的他，毫無弱隙。甚至連隨扈弟兄們，也都很怕這個兇殘的大王，因爲他賞罰分明，做得好有賞，做錯就人頭落地。

但他對我極好，有吃的先給我，怕我餓著；就寢時抱著我，劍不離身。他怕若再一次失去我，那將是他最不能接受的事。

但他卻不知道，其實我效忠於別的國家。而他更不知道，我早已被他感動，再也無法效忠我的國家……

下一幕，他被抓了。被抓的同時，他只說：「要殺要剮隨便你們，但請你們放過我的女人！」

當時的我躲在屛風後面，無助地發著抖，惶恐地摀著嘴流下無聲的眼淚……

下一幕，他在監獄裡了，眼已被挖掉，腳已被砍斷。我去看他，慢慢地步入他的囚房，看到他的那一刻，幾乎就要崩潰。

我開始一直哭一直哭，他卻只在乎我，要我別哭了。只輕聲地問我：「有沒有被爲難？有沒有被欺負？」

我哭著說「沒有。」然後就眞的崩潰地對著他開始磕頭，一直說「對不起、對不起」傷心欲絕的我就快要暈過去……

我猜這時還在晶體中的我應該很危險吧！因爲身在這現代化的客廳裡，心卻在前世同步，雖閉著眼卻一樣揪著心一直哭著。

這時我看見監獄內斑駁的岩壁上，有一尊九天玄女飛了出來，將我帶離那個窒息的傷心地。我還在崩潰淚流不止的狀態中就被祂抓到天上，繼續在高空中看著這幕悲慘的電影。

下一幕，就到了刑場。不知是誰在他被行刑前，到耳邊跟他說，出賣他並害他被抓的人就是我，那個他那輩子最深愛的女人。

然後，他在被砍頭前咬舌自盡了。

然後，另一端的我，上吊自殺了。

回到天界後，他不再說話，與我保持極大的距離，相當冷漠，像是變了一個人。我好傷心，但沒用，他還是完全不理我。

我們靈魂的後方，還有彼此的高我。我以心電感應問他的高靈：「就這樣？然後呢？」他回：「繼續走，往下！」然後我們就又縱身一跳，來到下一世輪迴。

回到晶體中，我的抽咽還沒停止，於是我邊哭邊問蓋亞女神：「爲什麼要體驗這種悲傷啊？」

祂將小小地正在發著亮光的我舉起來，對著我說：「孩子，因爲你很勇敢！」

然後瞬間，祂就變成了聖母瑪莉亞，而聖母的心口有一個也在發光的嬰兒，嬰兒立刻長大變成了耶穌，耶穌到我的面前說：「嗨！終於見面了。」

由於這一切變化得太快太突然，我仍驚魂未定，於是耶穌幫我灌頂，不斷從頂輪灌入紫光，直到我的情緒慢慢平緩下來。

最後祂說：「今天再給妳第二個禮物！」我就看到耶穌將一把火炬，瞬間舉到我眼前，然後我就張開眼醒了。

結束了一場驚心動魄又眞情至深的業力清理旅程。

但何謂第二個禮物？這才想起來，因爲第一個禮物我昨晚早已得到了。

五行禮物

我們現在回過頭來說說第一個禮物。二〇一八年十二月十八日靜坐的尾端，我清楚地看見一個「金」字，從畫面左手邊咻咻咻地出現，並一路走到我的眼前停了下來。

它非常閃亮，鑲著金邊，就像是戴上３Ｄ眼鏡看到的立體字，好似伸手一抓就會抓得住般，使我立刻嚇醒張開眼，心想會不會眞的有個金字在我眼前？雖然不知是啥意思，但心中卻有一陣歡喜，想說不知是否老天爺要送我錢？而且還是從西方來？但另一個念頭是，莫慌莫急，很期待明天又會遇見什麼？

果然，二〇一八年十二月十九日第二天靜坐尾聲，就像大家知道的，我見到了耶穌，雖然自己一直以來就是虔誠的佛教徒，十九歲皈依到現在已近三十年，所以對於耶穌跟我說「好久不見」實在是感到一頭霧水，但卻眞有一種跟祂熟識的感覺。總之，祂一見面就無私地幫我灌頂，還送我一把火炬當禮物，那麼或許我們眞的很熟吧！哈哈！而我當時也才想起來，原來這把「火」，還眞的跟昨晚的「金」字形成一種五行的格局，而且當下恍然大悟，自己所看到的，是專屬的禮物。那麼第三天呢？

第三天二〇一八年十二月二十日就更有趣了。一開始看見兩隻龍盤旋，一隻光龍、一隻黑龍。然後到了尾聲，也是從畫面左手邊，出現了一個「也」字，我心裡想，這個字跟五行完全沒有關係啊，爲什麼會看見它？就在我百思不得其解正搖搖頭的同時，我往畫面的左邊看去，居然又出現了一個「土」字，有趣的是，「土」走近「也」，兩個字就結合成「地」字，我差點沒笑出聲，心想這樣的說文解字法，倒是第一次看到，頗有新意。不得不讚嘆老天爺的巧思，用這種方式送我禮物。那麼第四天呢？

第四天二〇一八年十二月二十一日我看見了一棵大樹。這棵神級的巨樹，長達天界，穿越了雲層，還繼續生長，幾乎看不見頂。是一棵讓人肅然起敬不得不向祂伏首稱臣的生命之樹。神奇的是我與祂融合了，自己也變成了巨樹，看顧著大地，看顧著眾生，這時的自己反而突然覺得謙卑了，好奇妙的感覺。第四天，我清楚地得到「木」這個禮物。

第五天二〇一八年十二月二十二日終於來到第五天，沒有意外的話，我會獲得「水」這個禮物。但爲什麼是今天才遇到水呢？我想是節氣的關係。因爲今天就是「冬至」，台灣人習慣會吃湯圓的日子，並且老人家會告訴孩子，若吃完這顆湯圓，你就長大一歲了。

沒錯，冬至的意思，就是銜接豬年的第一個節氣，而豬年，就是水年。

靜坐一開始，我就看見綠寶石光芒的湖水，好悠遠寧靜的感覺，接著我往上一看，看見好美的金黃光，同時聽見水滴的聲音，往下一看，發現自己正踏在水裡，但眼前這個好亮的金黃光吸引我走近祂，瞬間金光將我帶進阿卡西殿堂，在這個金色的殿堂裡，我看見眼前出現四塊上、下、左、右的亮色三角型正在自行組裝成爲一個正方形，他們結合後懸空轉動了一下，然後，我面前就出現了一個由亮色方塊組合而成的「水」字。

事後想想，到了現今才開始整理內文的我，竟然發現，若以五行論，果眞是所謂金生水，一點也不假。但靜坐的當時，我卻壓根沒想到有這樣的結論，這眞是太神奇了。

這五天，我聚齊了五行禮物，怎麼有種得到五行寶石就可以改變世界的雀躍感呢？是自以爲在拍電影，還是現實生活眞會有所改變呢？讓我們繼續看下去。

第二個家——列木里亞

隔天，十二月二十三日靜坐，當我進入晶體，看見漏斗型的符號，並打開其中一個面向後，就瞬間來到了列木里亞。

這是種回家的感覺，因爲我一到，就看見獨角獸「希拉」跑過來找我，壓根沒想到我們會在這裡重逢，我給她一個大大的擁抱，激動到喜極而泣。

「希拉」是我在一次「畫出你的獨角獸」的繪畫課程當中，遇見的獨角獸高靈。她非常地溫和溫暖，有種全身散發著安詳恬逸並非常寬大睿智的氣質，她有著純白色的身軀，白色帶點淡綠黃相間的翅膀，翅膀上像灑滿金粉，還有一根金銀相間不時在發光的獨角，並且在額前鑲上一個金色的大V，我猜那是某種皇冠的意思，非常非常美麗。她象徵著獨角獸次元的高我。

但在那等我的，不只希拉，還有一位渾身發著亮光，留著淡金黃色微捲過腰長髮的女神，也同時出現在面前，我請問祂叫什麼名字，祂說她叫「梅拉」，當下的直覺反應是：「您好！梅拉公主。」

而我對她有種說不出的熟悉感，一種很像遇見自己的感覺。

接著希拉就帶我回家。

在半山腰間，一座白色的宅邸，遠看長得有點像蒙古包，庭院旁有著一棵大樹，粉色的樹葉飄落，整個畫面如夢似幻。我們到了陽光滿溢的屋內，淡黃綠白的牆，會因視線的調整而變色，室內沒有空調，卻舒適宜人。我隨即發現床頭旁的窗戶，是一個開口笑沒有遮蔽的大型窗，最特別的是，當你視線往上，窗口也會往上，視線往下，窗口又下移，是個像有讀心術的窗戶，非常有趣。

之後我跟希拉走到戶外閃亮的大樹下，而我居然聞到一股濃郁的香氣撲鼻，我「咦？」了一聲，看著樹心想「是祢嗎？」我得到肯定答覆。

當然，我們都沒有開口，這一切都在心電感應中自然回應。

樹上綁著鞦韆，我很自然地坐上鞦韆，悠閒地蕩著，像是世上再也沒有時間一般。

而我迎著風，看見自己隨著擺盪自由往前飄逸的淡金黃色長髮，喔！我突然明白了，原來我就是梅拉公主。

遠方山腳下，有著一潭碧綠色的湖水，非常閃耀動人，這才想起，這不就是我昨天看見的湖水嗎？原來，這一切都在冥冥當中安排好了，我們早已相遇，無限感恩老天爺，讓我看見這一切。

我親愛的家，列木里亞。

列木里亞初體驗結束後，也才知道，今天亦是景雯第一次正式遇見阿一沙並知道自己將是傳人的日子，二〇一八年十二月二十三日是個偉大的紀念日。

等很久的觀世音菩薩

當我開始每天靜坐，幾乎都會在晶體中遇見幾個重要人物，現在要跟大家好好介紹一下。

第一位，也是我從小到大的信仰對象：觀世音菩薩。每當連結至觀音，就會有強烈的白光進入我眼簾，第一次連結至祂，我記得很清楚，自己就開始跟祂懺悔。

因爲在好幾年前，我就曾被靈修團體的大師說過，說我的主神是觀世音菩薩，另叮囑我要趕快加入靜心行列，因爲我是一個有能力的人，可以幫助世人提升靈性，也可以幫忙打擊暗黑勢力。

當然從小自己就知道跟觀音的緣分最深，但說也奇怪，在我由他人口中聽到這個訊息的當下，雖然沒有半點情緒，眼淚卻不自覺地掉了下來。

我跟大師說不知爲何會如此，他說是因爲觀音眞的已經等我很久了。

雖然不才如我，這話一聽已過十年，但我依舊原地踏步，沒有即刻就專注靜心並成爲觀音菩薩代言人，所以也導致現在一跟祂連結，就馬上眞心懺悔。

而令人感動的是，我沒有聽到任何責罵，只得到一句「沒關係，不要責怪自己，一切都還來得及。」我又再一次爲了觀音的慈悲與溫柔流下感動的眼淚。

觀音菩薩也給我一個禮物，是一條長得像原住民長老的項鍊，祂幫我戴在胸前，並叫我舉起右手，與祂的左手合掌，當我們的掌心一結合時，就發出極強烈的白光。

觀音菩薩說，祂賜予我發光的右手以後可以隨時幫人療癒。

並賜予我傳承人的封號，叫「自在觀音」。當晚，我淚流不止。

後又有一次，我亦連結到觀音菩薩，問了祂一直以來心中的疑問，就是之前大師說要我一起打擊黑暗，請問爲何世上會有惡靈？

結果我清楚地看見觀音菩薩在我面前，形成左半邊白亮、右半邊黑暗的形象，但暗黑菩薩的後方接著透出極強的光，由側後移至前方照亮，於是整尊觀音都又變成白亮的菩薩。

祂接著輕聲地說：「孩子，這世上沒有黑暗，沒有惡靈，只有陰影，但陰影只要用光和愛照亮它，一樣只有光明，這樣妳明白了嗎？」

我又再一次被觀音菩薩的力量感動到說不出話，對祂只有五體投地。

一直以來我都把觀世音菩薩當成母親一般地看待，自從媽媽過世之後，祂就是我的媽媽。我會把所有心事、所有能撒的嬌都往祂身上傾訴，從來都只得到無限的安慰，沒有責罰。當然，現在知道祂亦是我的恩師，心中只有無限感恩，別無其他，生命至此，漸無遺憾了。

另有一次靜坐也讓人印象深刻，當我連結觀音，卻出現一半聖母瑪莉亞，一半觀世音菩薩結合爲一的清楚畫面，醒來後我問阿一沙，爲何會有有這種畫面？

阿一沙反問我：「那妳的感覺是什麼？」

我回說：「我感覺祂們是同一人，只是因爲東西方的信仰不同，各自連結到的緣分不同，才會產生兩種形象，但祂們源頭是相同的。這是我在靜心時清楚的認知及感覺。」

沒想到阿一沙笑了笑，說我說對了。

當我與源頭連結越深時，就越來越清楚，人類發明的宗教，是爲了得到他人認同或當成分別異己的工具。但在神的國度，這一切並沒有分別。

就像祂不會因你是黃種人或白種人，而減少對你的愛，更不會因爲你是哪一國人、信仰什麼宗教而改變對你的態度。人類的分別心如果能漸次降低，才能漸次靠近揚升之路，共勉之。

療癒系耶穌老哥

繼第一次見到耶穌後，我就常常連結到耶穌。只要我點燃三聖火，並往頂輪上方三尺一看，就會看見祂出現在聖火的上方，然後我會順勢將聖火及耶穌請下來到我的眼前。

很多時候，祂會隔著火炬像坐在火爐對面跟我說話，而在這面的我，則會跟祂學習如何治癒別人。

如果沒記錯的話，耶穌也是一位療癒系大師，許多天主教基督教的故事都跟祂的神蹟在世有關，當然包括祂的復活神話。

一次，我與景雯坐捷運，途中她突然很不舒服，已開始冒冷汗，情況危急，她看起來似乎就要昏倒了。

於是我開始在捷運上點燃三聖火，心中觀想頂輪上方出現耶穌，此時果然沒讓人失望，耶穌立刻就現身了。

我跟祂說：「怎麼辦？親愛的耶穌，我現在需要您的幫忙！」

祂馬上回：「我知道！先把手放在她胸口跟背後，我們一起。」

祂一邊指導我該怎麼做，一邊也加入療癒。

所以雖然捷運上的人，看見一個媽媽側坐著一手壓著孩子胸口，另一手摀住孩子後背，雙眼緊閉神情緊張，不知在做什麼法事的怪樣；但在上天的眼裡，會看見孩子坐中間，我跟耶穌面對著面一人一邊，同時壓著孩子的前胸與後背。

才不一會兒，景雯就回復了神采，眞是嚇死寶寶了。但媽媽也同時知道，路人的眼光不重要，若請出耶穌就能救孩子，那每個媽媽都應該跟耶穌學習療癒法才是。

耶穌除了教我如何在緊急時刻急救小孩，祂還教我如何治療毛小孩。有一次回家看到狗狗吐了一地，鼻子也乾了，全身微弱地發著抖，我心想慘了，怎麼這麼嚴重？但還是冷靜下來，用耶穌教我的方法，一手固定放脊椎尾端，一手從頂輪慢慢往下撫摸治療，一直摸到與尾椎的另一手相疊為止。這樣來回幾次，使得原本還在發抖的牠，瞬間就好多了，鼻子也變濕潤。

心想，耶穌的療癒法還眞是厲害，我何其有幸，能得到這樣的直接傳授教學。

後來也才明白，阿一沙說的，觀世音菩薩與耶穌都是我的導師，我好好學習必定能得到祂們的眞傳，眞覺自己是三生有幸。

而自己理出一個連結，祂們皆為療癒與智慧的鼻祖象徵，期望自己有天，也能在這些方向精進，當一個眞能助人的人。

說到傳人，雖然耶穌不似觀音菩薩會直接說我是祂的傳人，但有一件事卻是相當有趣的。

記得在過年回娘家的時候，我居然連續四天雙手雙腳像被打了四個洞。第一天左腳不知爲何黑青了，第二天變右腳也被撞成黑青，第三天是左手被很重的門砸到黑青，第四天右手直接見血，而且我只不過是在整理紙類。

這一切都讓我覺得莫名奇妙，雖然不至於影響或恐懼，但我好似明白自己在連結耶穌，所以直接感受到祂當時被釘在十字架上，身上被打四個洞的感覺。還好後來耶穌告訴我，這是浴火鳳凰要重生前的跡象，只要明白前方是坦途，不要以害怕相應，一切就都不痛了。

爲何總是連結到耶穌？其實心中有個有趣的聲音牽引著，因爲我一直感覺耶穌比較像大哥哥，很可能祂在世時我們就相熟了。而觀音菩薩比較像神，令我覺得自己要很尊敬、很莊嚴才能連結祂，而自己靜坐時有些時候好像不夠莊重，很隨便的坐姿等等都是我的罣礙。

但其實我也不一定會多想，有時誰來了到最後都是憑直覺帶引。比如觀音的白光，耶穌的金黃光，或者氣味的不同，最後我也能在空氣中分辨特殊氣味的不同。

這些特殊能力，都是在短短半年的靜坐期開發出來的，心中只有無限感恩。

另外感恩的還有，耶穌送給我的療癒手。一次也是在幫景雯治療，耶穌叫我看著自己的左手，結果左手真的就開始發出強烈光芒，根本就是超人上身，因爲光亮到我幾乎無法正眼直視。

耶穌告訴我，至此之後，我可以直接用發光左手去療癒人，也非常有效。我實在覺得自己太幸運了，擁有了觀音的療癒右手，這回又有了耶穌的黃金左手，那我的雙手眞能發電了吧！

當然，耶穌也給過我禮物。除了第一次見面的火把，也給過我權杖，權杖整個是白銀的柄上方鑲滿紅寶石。還有一把發著綠光的寶劍。最特別的是，我的鑰匙，自從被景雯認出來是一把裝在心輪的水藍色鑰匙之後，我就親眼見證鑰匙從水透亮的藍色，再變成金色，再變成金色柄身鑲上紅寶石；最後變成銀色，又在銀色上鑲了三顆紅寶石。但之後看見的鑰匙，又開始化繁爲簡，只剩下發著光的7，而且將7倒下，就能直接勾住心房開門，非常簡單。

就這樣，我很榮幸地參與了自己心輪鑰匙的進化史。但這把鑰匙到底要通往哪裡呢？通常我都會聽見耶穌的指令，祂叫我拿出鑰匙，用來打開心門，推開門之後，我就會連接回家的路，直通列木里亞，那個讓人心神嚮往的家。

開門就到的地心次元

列木里亞，這個我後來一打開心門就能到的美麗家園，眞應該好好介紹一下。祂算是地球地心的次元，那裡的人類基本上都已變成光體，所以正確來說，應該只能見到光，或聽到不同的聲音。而我所見到的形體，也多數是發光的獨角獸、發光的白龍、發光的白鳳凰、發光的天使或公主等等，而都有種摸不著的感覺，總之飛翔與他心通跟瞬間移動皆是本能，每人都會的事，也就不稀奇了。

現在回朔到那裡之後，令自己印象最深的幾件事。

變身一族

一次，當我打開心門到達列木里亞，迎接我的除了希拉之外，竟還有一隻好大好大的白龍，他會用頭直接來磨蹭我的臉頰，像在撒嬌一般，而當他第一次做出這樣的動作，心裡就突然明白，他就是我們家狗狗「可多」在那個次元的分身，因爲這種親暱行爲不是高雅的希拉做得出來的。

我很自然地就騎在他身上，然後在高空中飛翔盤旋一陣後問他說：「你叫什麼名字？」

他用心電感應回我：「梅一。」之後他就帶我深入列木里亞的海底了。

而當我們像螺旋槳般捲入深海中後，除了發現海中很暗，也立刻看見自己的下半身已變成了美人魚的長尾巴，有著水晶世界才會出現的藍紫變色美麗尾巴，呼吸竟也沒有問題。

當我到了一處灰灰的廣場，中間有著一大一小兩個王位，我就自然地坐上較小的王位，沒人教我卻非常自然。因爲我就是深海龍王的女兒，而這天剛好是我生日，父王則坐在一旁，是非常大尊莊嚴的綠色龍王。

等我坐好，就看見蝦兵蟹將們自動排了好長看不見底的隊伍，他們一個個手中都拿著禮物，把禮物紛紛放到一個超大型貝殼上，要來祝壽，因爲今天是我生日，但我卻告訴大家說：「別送禮物了！讓我們一起給地球祝福吧！」大家聽到指令後，齊聲對著地球說：「謝謝你！我愛你！謝謝你！我愛你！謝謝你！我愛你！」震撼的聲音響徹雲霄，震耳欲聾。

而我好開心，幾乎紅了眼眶，也同時謝謝大家，一起完成了幫助地球穩定中軸的任務。

此刻我才明白，其實我就是地表上的梅拉公主，到了深海，就一躍變身成海中的龍王公主。陸地上時長翅膀，深海中時長尾巴，但都善良而美好。

先說明一件事，列木里亞的動物是來守護人類的。這就是爲何我看見白龍「梅一」，可以一眼認出她就是我家狗狗「可多」，因爲我認出的是他守護我的相同氣質。

有趣的是，我從來沒想過這兩個名字其實會得到一種平衡，「一」與「多」，多麼神奇的協調。但其實可多在那邊除了白龍的分身，有時也會變成白鳳凰，或白天馬，但都是他「許多」的分靈，所以我都統一叫他們梅一。當然，唯獨獨角獸希拉不同。

酷！五龍

第二天靜坐，我又潛入列木里亞海底，這次見到了五龍。但這回是白鳳凰梅一帶我入海，我一樣騎上他，他縱身一躍，就深入海底了。

首先我先見到超大的黃金龍，祂的巨大跟閃耀幾乎照亮了整片海底，而白龍探出頭來悄悄出現在金龍旁，接著就出現了有著美麗寶藍色的藍龍，祂貼著金龍的另一邊，然後暗紅色的紅龍出現了，跟在白龍另一側。

最後當我被祂們震撼到說不出話來時，回頭一看，一尊巨大的黑龍圍繞著所有龍，當然包括居中的我，當下立刻起雞皮疙瘩。而我也不知為何，就跟巨龍們說：「以後就靠您們了！」心裡沒說出口的是請祂們照顧地球海洋，因我知道海域已經被人類破壞到不行了，對於深海龍王們眞心覺得很抱歉，但我馬上感覺祂們都收到我的請託與抱歉。

這時黃金龍開口對我說：「我們一起！」緊接著有趣的事情發生，他們居然聯合將我一把拱起，帶回岸上，回到陸地，海岸線的祂們變成了五色美麗的彩色印記，光彩奪目絢麗繽紛，但瞬間這五道彩光，咻一聲，就又飛回海中，消失在地表上。最後剩我一人，孤伶伶地站在夕陽西下的海岸邊，突然感到強烈地孤寂與愁悵，許久回不了神。

醒來後，我問阿一沙這一切是否又是幻想？因爲實在是太不眞實。祂只跟我說：「孩子，別再懷疑自己了。」

雖然我搔搔頭還是沒自信，但想到剛剛出現的畫面，第一時間當我看見白鳳凰梅一伸出爪子要載我的同時，我家狗狗可多也同時將他的手放在我手腕上，眞可謂神同步。

這樣看來，是否可以間接證明我真的感應到了些什麼。

好吧，深海旅遊若還能清楚看見五龍，並與之交談的人或許也不多了，這樣想或許會好些吧。

龍王別再吃垃圾

接著有一次，在靜坐中用藍鑰匙打開心門的那一刻，就看見白鳳凰。梅一的爪子伸到眼前，要我坐上他的身，當然我很自然地就騎到他背上，然後迅速飛上天際，而且一起飛就沒有停，直接衝破九霄雲外來到外太空，我們在遙遠的星際銀河盤旋許久，鳳凰的長尾散發出連綿不絕白色光波，始終回傳給遠方小小美麗的地球。

而後，梅一下降，降落到一處森林區，他回到地球就變成一隻白色天馬，我問：「你還要帶我去哪？」他順勢又變成一隻長尾鳳凰，瞬間將我帶回列木里亞。

回到列木里亞的梅一再度變身爲白龍，我摸摸巨龍的可愛臉頰，他又伸出爪子，我漸明白這是一種邀請，有點像是司機幫你打開車門的動作。

我坐上白龍，他再度盤旋直接帶我進入深海。

有趣的是，這次我一到海底就被父王接走，祂將我帶回明亮的龍王宮，有點像在巨型水晶泡泡內的龍王宮，接著祂馬上披上將軍服，我在旁亦同，我還有假鬍子，模樣詭異。

接著父王要我留在宮中自己就出去了，我才發現自己像是被關起來般。祂變身為一尊好大好長的將軍白龍，我貼著透明的水晶玻璃往外看，看著祂開始大口大口快速吃著海中垃圾，我好難過，被這一幕震懾到說不出話，看著還在為深海救援的祂感到痛心不已。狂亂拍打著玻璃並哭喊著敕令蝦兵蟹將：「還不趕快去幫父王！」

他們聽到我的呼救，馬上也變身一隻隻小龍去咬垃圾。

然後下一幕，他們將所有垃圾送上岸，海岸線上滿滿人類製造的垃圾山……而我終於流著淚醒了。

這一次，我久久不能自已，心想爲什麼我們可以擁有所有的資源，卻讓世界生病了。這個地球，不是我們的，而是眾生的，然而眾生，卻比你想像中還要有智慧、有慈心多了。我們這一輩再不覺醒，那孩子們到底該怎麼辦呢？深思啊，人類們。

水晶智慧

當我越來越穩定地連結列木里亞，就能越清楚連結到智慧源頭。一次，當我打開心門，看見希拉、白龍梅一都在等我，於是我就跟他們一起飛到山底下的那一畔湖泊。

咦，我是否忘了告訴大家，我這個梅拉公主也有著美麗動人閃閃發光的天使翅膀，但至於我是否非要自己飛，那就不一定了。就像大家看到的，很多時候我會騎在梅一身上飛行，但其實有些時候，我也會乘著希拉翱翔，這個次元的自由度，原本就超乎想像。

湖泊在我們一起飛向它的時候變色了，由原本透亮的碧藍綠色，變成了煙粉色，依舊夢幻美麗。在湖邊等我們的，是一尊小小的白色貓頭鷹，他是列木里亞的智者，看起來非常非常有智慧。

我們四尊白色的神獸，守護湖泊的四邊，我將腳伸入湖中，很淺很清盈卻很暖的水溫，同時看見水中暗藏著一尊超大型水晶，我們一起將祂洗淨，祂變得越來越透亮，我才發現，原本煙粉色的湖水是因爲水晶不夠透淨，當我們一次次用聖水洗淨，祂就變成了亮藍紫粉的多重折光水晶，這樣攝人的絕美，我倒是第一次見到。

我一邊享受這裡的氛圍，一邊看見眼前出現一團白金光，這次終於記得，看見光要問問題，所以我問了：「請問有人要跟我講話嗎？」於是我就馬上看見一個太極，被放置到貓頭鷹的前方，有點像個巨型擴音器，隨後就聽見太極傳出的聲音：「水晶，是一切傳導的源頭，是一切智慧訊息的儲藏庫。你要的財富、人緣、創意，都只要眞心與之相應，水晶就會源源不絕給你所要的一切。要相信地球的資源永遠足夠，給你們的祝福也永續不絕。」

哇！好深刻而精準的一課啊。我想，這就是地心水晶所飽含的智識吧。

大大天使

之後，當我再回到列木里亞，常處在一種眞正的休息當中，我會在那讓自己放空，只是靜靜地蕩著鞦韆，雖然常感到有人在背後幫我推著鞦韆，而且是有著大大翅膀的天使，同時此時會聽見在空間中悠揚不絕的聖樂，非常神聖莊嚴，但卻從沒回過頭去看看推我的是誰，總覺得不重要，因爲這一切是如此自然。

一次，當我在打開門的同時，除了迎接我的希拉跟梅一以外，還有一位大天使站在左手邊，祂高大英挺而正直，雙手擺放後面，全身發出藍紫色的光芒，是個男性形象的大天使，跟我一起看向遠方。我以他心通問祂：「祢要跟我們一起？」祂點點頭，並不講話。

我也很自然安靜地與祂相處，像家人一樣。但我亦很清楚，祂不是平常幫我推鞦韆的那一位天使。因爲當我坐在鞦韆上時，祂還是站在一旁陪伴。

而當我一再看見祂的出現，才又想起該請教別人尊姓大名，於是我問了：「請問您如何稱呼？」

「麥達昶。」這是祂簡捷的回應。

「喔。」我沒有太多驚奇，總覺得應該是老朋友吧！

沒想到很久之後，我才明白，祂究竟是誰。

而且，當我上網去查谷歌大神，還眞的有一位大天使，就叫麥達昶，這一切眞是太神奇了。

精彩的前世

記得二〇一九年一月十九日我跟景雯去看了一部電影「眞寵」，電影敘述約莫三百年前英國皇室安妮女王的故事。當電影放映的第一顆鏡頭開始，我就在戲院裡罵髒話：「喔！Fxxx！怎麼這樣！」景雯在一旁被我嚇到，轉頭看著我，我還是繼續罵，到了不知第幾顆鏡頭，我才稍稍冷靜跟她小聲解釋：「這裡我去過！英國皇家！這裡是我家！」

就這樣一路罵到電影結束，因爲我一直起雞皮疙瘩，他們的考究實在做得太好了，使我一直有種回到過去的感覺。

雖然景雯跟我說，她看這部電影只有強烈地不舒服跟恐慌，不似我有滿滿強烈的熟悉感。

看完回來的那一天，我就忍不住問了阿一沙。我說：「阿一沙，請問您一件事，就是今天我們看了一部電影，看的當下我就知道自己曾經待過英國皇室，當然不一定是女王或國王，但能否請您告訴我，我到底曾經是誰？」

過了約莫五秒，阿一沙轉頭對著我說：「XX二世。」

我說：「XX二世？他是誰？他是英王嗎？」阿一沙說對。

我問景雯知道他嗎？因為她的歷史比我好，但她也搔搔頭說不知道。

說眞的，都怪自己歷史不好，害我聽都沒聽過這位英王，心想他一定很不出名，不似歐洲其他名人，像路易十四，或拿破崙等，起碼我都有聽過，但這樣講好像也不對，畢竟英國歷史名人，我只記得伊莉莎白跟黛安娜王妃。哈哈哈！但靜坐完當天，還是忍不住去查了維基百科。

只能說，感激世上有維基百科。媽媽呀，我出運了！我查到「XX二世」了！

（以下用二世代言）

他是誰？他就是今天我看的「眞寵」裡安妮女王的大伯父。

原來，我在英國皇家的記憶是眞的，而這一切都太神奇了。

當晚我爲他失眠了。花了整晚詳閱他的維基百科外加許多野史，眞是欲罷不能。因爲他傳奇的一生眞是太精采、曲折離奇外加迂迴坎坷了。我只能說，親愛的，你爲什麼總是要選擇這樣大起大落的人生呢？就不能平凡一點嗎？然後我就聽見自己來自心海的聲音，很明確地回答：「不行！」然後又立馬聽見一陣笑聲。

哎……只能說，遇到像我這種人，多說無益吧！人生，都是自找的。

二世是一位被英國民眾愛戴的君王，但愛戴的原因，不是他的英明幹練，而是他親切又好玩的個性。三十歲才回國登基即位的他，人生充滿曲折。因爲他的父親ＸＸ一世被大臣砍頭，本應順勢就位當王的他，卻被大臣們趕出自己的國家，在歐洲各國流亡，而且一流亡就是十年，甚至還被歐洲各國踢皮球，怕被牽累，導致沒有人敢收留他。

就這樣，他曾經因爲太窮沒錢睡旅館，而在路邊倒頭就睡。曾經爲了要躲避國內大臣對他的繼續追殺，爬到一棵高聳的橡樹上，而幸運躲過一劫。曾經因爲他高大黝黑的王子身份太好認，而剪斷自己長髮，扮成一個僕人躲過查緝。曾經讓英國大臣給出最高懸賞獎金要他的人頭落地，但卻因爲他人緣極好，導致縱使身在民間，依舊得到不怕死的民眾保護並藏匿他。而當他最後回國登基後，亦回頭感謝曾經助他的民眾，讓他們家族永遠不愁吃穿。

然而他父親一世被砍頭是因太過專制，導致大臣透過議會投票將他處死，但沒想到大臣統治下的英國，並沒有使人民過得更好，反而更加嚴峻。所以當大臣在位近十年也過世後，英國人民才對於大臣兒子即位一事感到非常不予苟同，要求眞正的英王回歸。

於是，在人民簇擁下，二世終於回到老家。他登基後，做了幾件事，第一，他眞的不會打仗，幾乎每打必輸，所以晚年索性不打了。

第二，他父親一世曾經從歐洲各處買了許多世界名畫，卻因大臣即位就將大批畫作變賣，而當二世回歸，他又將大部分畫作買回來，對藝術的熱愛可見一斑。

第三，他廣設科學館、天文館、支持藝術，大量興建建築，改變英國城鎮樣貌。許多人文科學相關科目在他手中興起，並強調醫學的重要，最後還鼓勵貿易特許公司，讓英國東印度公司漸能與荷蘭東印度公司競爭抗衡。

第四，他最爲人詬病的是他的情史，可以說是一個提得起放不下的人。所以情婦與私生子女一堆，但也對無子嗣的皇后不離不棄。

第五，據說他在皇宮地下室設置一個煉金室，他一心想要煉金，眞是個奇王。

最後，他最放不下的是他的家人，包括已經死去的父親、他的情婦，與他的弟弟。當他回國登基後，據說他竟將當年砍父親頭的大臣屍體挖出，再設一個刑場，將屍體砍頭，以洩心頭之恨。還有他也砍了當年簽署砍父親頭的九位大臣。

另外，當他快過世前，他只在意皇后跟情婦們是否會獲得繼承他王位的弟弟照顧，其他的他都可以放手。

他將英王用君權神授的理由傳承給了自己的弟弟，而不是子女。因爲他跟王后無後，其他的都是非婚子女，而且當年並沒有基因鑑定，所以只要情婦說孩子是他的，他就都認。

這一切的行爲，其實我都能理解，也應該會跟他做一樣的選擇。當然除了報仇一事，不會跟他一樣之外，其他的故事細則，卻好像提醒了我，明白了自己某部分深藏在基因中的未解之謎，包括情感爲何總是成爲累世的功課，也在二世的篇章中，讓我看見了盲點。

於是我晚上靜坐，就來好好會會這位英王二世先生。

王的懺悔

當晚，我進入晶體，就請求二世來到面前，跟他好好溝通一番。但他眞的很可愛（起碼我自己這麼覺得），一見面他就送我鑽石、鋼筆、皇冠，還有他說他將煉金室的金子都留給我，要我繼續煉金。最後我幾乎要在靜坐時翻白眼了，因實在覺得他太可笑，於是跟他說：「你夠囉！」

他才好好聽我說話，但還是不乖，硬要送我他的宅邸。

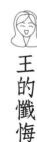

我邊笑邊向他謝謝，畢竟有誰可以像他對我一般大方？縱使他送的禮物都是空氣，但我依舊接收到他滿滿的誠意。但後來我還是很嚴肅地跟他說，我們來好好向被你砍頭的人懺悔，聽到這句話，我們就合而爲一。

接著我就看見那個死後還被二世砍頭的大臣，他坐在我面前，手中舉著自己的頭顱，很難過的樣子。我靠近他，並將頭顱恭敬地擺回頭上同時說著對不起，然後跪在他面前對他磕頭，不斷地磕，直到我感覺他原諒我爲止。

當我再度抬頭看著大臣，他的神情輕鬆多了，氣色亦好些不再皺著眉頭，此時我明白我們已完成一項重要任務。

接著我們繼續請出曾被二世砍頭的九位大臣，讓他們一一坐在我面前，呈一樣的姿勢，手中握著自己的頭顱，而我恭敬地走過去，一一將頭顱擺回頭上，然後再次跪下，向他們一一磕頭道歉。並誠心地說：「我知道你們不是故意的，只是當時形勢比人強，就算有苦衷亦不得不爲。所以請你們原諒我，我不該以牙還牙，是我不好，對不起。」

就在我不斷磕頭之際，我真的感覺到前方的九人好像漸次放下了什麼，有一種被諒解的釋懷，在我們雙方之間開始流動，這種感覺眞的好特別。

重點是，我們最後都選擇了原諒，而原諒的力量之大，眞的有種超越生命，超越輪迴之感，這個覺受叫做「和解」。

而和解所帶來的只有益處，起碼對此生的我而言，因當天我就有一種跟隨已久的沈重感當下消失了，眞的太神奇了。

如果所有的道歉，都能帶來無形的禮物，那我眞的願意每天試試。不管此人是你的恩人或仇人，晶體中的認錯或感謝，永遠都會導向合一、導向平衡。

謝謝你，我親愛的英王二世，你教給我的慷慨，寬大，我此生都感受到了。無論你是不是高高在上的王，我都明白你的親切是內心的善所發出的光芒，而這種光芒，眞的會穿透時空，讓遠在三百年後的我，亦感覺你的溫暖。希望我對你的祝願，也同時幫助了三百年前的你。

經過了這次的業力清洗，我越來越明白阿・沙口中所謂的合一。世上從來就沒有我，只有我們。我們永遠是一體的，我們永遠只是一。

終於知道自己是誰——不離不棄的高靈

一直以來，我對自己的認知，就只是個進步龜速的麻瓜。而且都已靜坐這麼久了，卻還要透過孩子來學習，其實有點心虛。每次阿一沙說，用你的心之眼去看、去感受，不要被外相蒙蔽，要往前與你的光合一，要去請教祂，你究竟是誰？祂們早就等在那很久很久了。

而我，卻還是無法與自己的高靈溝通，知道祂們一直都在，卻只是認不出來，我想，高靈應該很痛苦吧，遇到我這種未開化的學生。

一次，我很認眞的點燃三聖火，請出耶穌，祂叫我拿出鑰匙，帶我回列木里亞，當我這次一開門，我依舊看見希拉、梅一、麥達昶，我與祂們共存已如此自然，甚至還問耶穌，祢要留下來陪我們嗎？祂只笑笑問我：「妳看看有什麼不一樣？」我看了一圈，突然發現眼前右手邊有一團金光出現，非常閃亮，亮到我幾乎張不開眼（雖然我一直閉著眼）。

於是我終於鼓起勇氣開口問：「請問您是我的高靈嗎？」

沒想到此時，我居然聽見一個很高、很清亮、很輕柔的女聲回答我：「是的，孩子，是我啊！我一直都在啊！」天啊！我居然真的聽見有人回答我了！

心中忍不住想：我真的遇見祢了嗎？而且祂的聲音真是我此生聽過最好聽並且讓人過耳不忘的好聲音，真是無與倫比特別親切而溫和，且是筆墨語言難以形容的美妙聲音。最重要的是，這是我偽裝不出來的聲音。

我當下就流下淚來，這樣深刻的悸動，真不是久別重逢可以簡單形容的，祂真的是那個住在我體內，看著我成長，看著我遇到所有挫折困苦，並勸我不要放棄的高靈。

一個來自心海的消息，一個隔世相擁的感動，一個你知道祂是誰，祂也一直都在，一直給你力量並緊緊擁抱你，還永遠幫你點燈照亮前方路途的那位尊者。

我久久處在顫抖的感動裡，才又想起，還沒請教祂尊姓大名：「請問您是誰？」

「我是『達芬奇』啊！我就是『麥達昶』的雙生靈魂。我們都在這裡一起迎接妳，我們都是一起的啊！我就是永遠陪著你守護你的大天使達芬奇啊！」

我說：「很抱歉，讓祢等那麼久……」

「孩子，沒關係，我一直都在啊！」達芬奇溫柔地回應，使我忍不住再度落淚。

原來，眞的有人在看顧著我。原來，眞的有人在愛著我。那麼純粹不問回饋的摯愛，就在原地等待自己的覺醒。我眞的眞的好感動，眞的眞的好感動。

從今天起，我可以不再稱自己爲痲瓜了。達芬奇，我太愛祢了！

然後，我也終於明白，自己每次去到列木里亞，會自動變身爲金長捲髮，就是因爲我就是她，而她亦是我，所以梅拉公主是自達芬奇分出來的分靈，而我看見一直幫忙推著鞦韆的大天使翅膀，就是來自達芬奇驚人的羽翼。

而那位省話一哥大天使麥達昶，就是祂的雙生靈魂。

這一切，終於被我連起來了。

最後，我像個小孩輕聲地問：「請問祢可以抱抱我嗎？」達芬奇就飛到面前，用祂的金白黃透亮大翅膀擁抱還在哭泣中的我。

我們變成了一體，一顆遠看是白亮黃色的翅膀蛋。

當我稍稍穩定，祂告訴我：「來，孩子，今天送妳一個禮物！」說完，祂拿出一支仙女棒，是一支上頭簍空的亮彩白光五角形，連接著底下長長銀白光筆型的仙女棒，祂將它送給了我，並且插置在我的左胸口。

放好之後，祂很開心地拍起手來還一邊說著：「孩子，好漂亮！」我則是嘖嘖稱奇，只是愣在原地。

祂接著說明：「這支是給妳用的專屬療癒筆，以後只要遇到有人身體不舒服需要療癒，就拿出筆來在他身上戳幾個洞，然後導光進去，就可以治療了。」我聽完還是滿滿的感動。

靜坐結束後，我跟景雯與阿一沙說我遇見高靈的好消息。

當阿一沙聽到達芬奇的名字，就開口對我說：「喔！恭喜妳終於知道自己是誰了！」

聽到這句話我就放心，意思是我眞的找對了！

阿一沙苦口婆心地說了這麼久之後，我終於在靜坐滿四個月二〇一九年四月一日的今天，遇見自己的高靈。

這時，景雯突然插話說：「眞好，你都已經知道自己的高靈叫什麼名字，但我都還不知道……」

一陣靜默之後，我突然提高音量，看著景雯很激動大聲地說：「我知道妳是誰了！」

「是誰？」景雯一頭霧水還被我嚇到的樣子。

「你就是麥達昶！」我很確定地指著她說。

「喔！終於被你發現了！是的！我就是麥達昶。」景雯立刻聽見麥達昶在心裡對疑問的回應。

原來，這一切都是安排好的，世上沒有巧合。所有的巧合都只是僞裝的分離，爲的還是最終的重聚，最後的合一。

記得上帝說過，若我只給你們永生，那永生對你們沒有意義，除非你們體驗了分離，那人們才能學會珍惜，看見永生的意義。

我想，這一切都是神的造作，一切都是最好的安排。

之後應證達芬奇的仙女棒眞的很有效。

但有趣的是，我搜集到的三樣禮物：觀音的合十右手、耶穌的黃金左手、達芬奇的發光仙女棒，竟都跟療癒有關，這倒是自己始料未及的事。

或許有天，我眞的會走上療癒的歷程，但這一切，都要感謝靜坐後的一連串神展開，阿一沙的新人類教誨太特別而深刻，讓我縱使這半年還是驚險度過，但我對於孩子的未來，對於她是否可以不枉此生地活出有意義的每一天，已經不再擔心，並且眞的充滿希望。

我看見了她的韌性，她堅強地面對每一步，縱使人生並非坦途，也充滿挑戰，但起碼神訊旅程啓動了她的未來藍圖。

其實，這半年來我們都在學習，一步一腳印地看清楚我們的身心靈本爲一體，靜坐竟成爲療癒自我的方法。

所以，我眞的想要好好鼓勵所有生病的朋友，要對自己有信心，如果連罕病都可以透過靜坐好轉，那麼其他的病也就都是小事了。

你會好的，眞的，相信上天的眷顧，相信達芬奇說的：「所有的祈禱都會得到回應！相信我，天使夠多的！」這是達芬奇送我的愛的禮物。

今天，我也把它送給你！

5
每一個我們

守護神麥達昶

四月一日，驚喜乍現。今天媽媽去了列木里亞，終於找到她尋覓已久的「高靈」，叫做「達芬奇」，祂說「麥達昶」是祂的雙生靈魂。本來與媽媽討論時都不太會流經我的大腦，但這次我的直覺就立馬問媽媽說：「既然妳知道妳的高靈是誰了，那可以幫我問問我的高靈叫什麼嗎？因爲祂眞的不告訴我。」媽媽就突然靈光一閃，拍手說：「啊！妳的高靈就是麥達昶啊！」

我聽完其實不太相信，於是就問高靈，祂居然笑一笑說：「終於被妳發現了！」喔！好吧，太好了，發現從第一次與祢溝通至今，已是整整六個月，也太準確了吧！謝謝祢麥達昶、謝謝祢達芬奇。

細胞智慧

五月十八日，我處於一種停滯期已經有一段時間了，所以情緒有些低落。

於是今天與阿一沙連結時，祂跟我說。

阿一沙：孩子，看看妳的細胞們，它們有話要跟妳說。

所以我就進入內在，馬上聽見細胞指揮官說。

細胞：雯雯，我們現在需要妳做一件事。

我：專心呼吸嗎？

細胞：也是，但我們需要妳，對我們抱持著最大的信心。

細胞接著回：因爲我們還在努力趕工。

我：爲何要趕工？不能自然地流動，慢慢好轉嗎？

細胞：在樹長成之前必須要完工。

我：樹？是指我的成長嗎？

細胞：其中一部分是。妳知道爲什麼妳生的是這個無法動彈的病嗎？

我：不知道。

細胞：其實一開始是妳這麼選擇的，沒錯。其一是妳爲了踏上這條靈性之路，其二只要妳沒有辦法好好地動，我們才能順利的加緊趕工。

我：所以可以放心的把我交付給你們嗎？

細胞：可以的。我們並不會讓妳完全動不了，但是妳也要給我們空間工作。所以請相信我們。

但我還是處於歇斯底里的狀態，於是又問。

我：可是我只要身體很沈重，心情就會不好，這下子又會火上加油，這樣你們還能好好工作嗎？

細胞：妳講到重點了，「心情」也會嚴重影響我們。只要妳心情低落，我們也會不想工作，那此時產生的沈重，才應是妳實質上的感受；但當妳心情好時，對我們抱持滿滿的信心，我們也會事半功倍，努力回報妳。

聽完我無話可說，眼淚傾瀉而下，阿一沙在此時說。

阿一沙：所以孩子，妳可以讓自己的細胞們蛻變了嗎？

我邊哭邊大力點頭。

醒過來後，媽媽就問阿一沙。

媽媽：所謂的大樹長成之前，細胞們說還有其他的意義，那是什麼？

阿一沙：地球的轉換，也即將來臨。

今天過後，我才理解，細胞們是如此無條件的付出，它們非但沒有情緒，還給出滿滿的愛，對我不離不棄。而且眞的比我還要有智慧，所以我只有一句話來形容，你們眞的很「偉大」。

謝謝你們，我會交出我百分之百的信任，我最親愛的細胞們。

神奇之筆——波特

五月一日我開始寫書，其實對於自己能否勝任眞的很沒把握，因爲從小我就很清楚，對於文字，本人實在不行。

作文滿級分是一個比月球還遙遠的距離，而且我並不喜歡閱讀。從來就是個頭腦簡單的運動員，不是文學派的，但還是放手一搏去寫寫看。

結果出爐，一天過去只寫了短短兩行字。並且請媽媽看完，她給我的評價只能用無限嘆息來形容，說：「這只能放在網路上給人隨便看看，不是一本『書』的概念。」

我當然也很清楚，可是到底有誰能幫我？眞的很想把自己變成一部放映機，連接腦部慢慢播放成爲一部影集，但這是不可能的。

所以今天就在一種極度焦躁的情況下與阿一沙連結。

開始就問阿一沙說：「請問祢能幫幫我嗎？這本書被我這樣寫下去是不行的。」

祂很從容地笑一笑：「可以的，孩子，那我們走吧！」

於是我又瞬間移動來到一處奇幻世界，眼前所有橫梁都是錯綜交織的，有些上下顛倒，有些還會緩緩而行，四周只有幾個漂浮櫃子，在周圍遊蕩。

而我站在一個巨大橫梁上，隨著「地板」的浮移，它慢慢帶我來到一位矮小男士的面前，但因背光，所以看不見他的臉龐。

就在我想認眞看清楚到底他是誰的同時，他就說：「妳來啦。」

當下我有點被嚇到，心想我跟你很熟嗎？不過還是直接問他好了。於是問：「請問你是？」

他說：「我先不告訴妳我的名字。跟我來。」

此刻我就在心裡大笑，並清楚知道他到底在說什麼，因爲這位語無倫次的人，實在跟我太像了。

於是我就跟著他踏上另一個飛行橫梁，來到了一處平地，旁邊依然是飛來飛去的橫桿，但在另一頭卻出現一道木門，並敞開大門，從中發出黃光。

那位男士就站在門前，始終不見他的臉，此時他說：「把妳的手伸出來。」

我說：「喔！好！」並把右手伸出。

他搖搖頭說：「兩隻手。」

說完他就伸出雙手面向我，示意要我與他的手貼合。

喔！早說嘛！現在我才意識過來，趕緊貼住他的手。

瞬間我們的身體發著白光，並開始旋轉成為一顆光球。

現在我來到一處「虛無空間」，因爲身體不知爲何已消失，也不見他的蹤影，周圍只有白花花一片。

過沒多久，眼前就蹦出幾本漂浮「書」。

它們自動打開後，裡頭原本排列整齊的文字，立刻像被灌入生命般，各個開始扭動筋骨，準備大展身手，一、二、三，跳出書外，並快速滑過我的頭頂，灌穿我的身體，當然現在我並沒有形體，所以這次沒那麼害怕了。

這時他終於回來了，現在能清楚看見他的身影。我正要開口時，他就伸手從胸前口袋中拿出一隻沾滿碳粉的鉛筆，遞給我說：「嗯，現在我把這交付給妳。好好善用吧。」

我考慮了一下，因爲這支筆眞的好尖又好髒，不過還是小心翼翼地拿了過來，並敬禮謝謝他。

但還是想知道他到底是誰，於是我問：「現在可以告訴我你的名字了嗎？」

他說：「波特。」我再也忍不住了，大笑一番。

笑完才又說：「是哈利波特的那個波特嗎？」

之後他就有點不太高興的說：「對。」

最後我打了一個噴嚏，就與波特斷了連結，

看來他真的很不高興呢！

回到阿一沙這。

我：請問阿一沙我剛剛是去了哪裡？

阿一沙：波特的時空。

此時就醒了過來，所以媽媽接著問。

媽媽：所以妳就是波特？

我不等阿一沙回，就笑笑地說：「嗯，絕對是！我聽到他說的第一句話，就知道那個人一定是我。」

我：我很清楚他只是不小心說錯了。

媽媽：喔，好啦！你們都不會講話。那麼阿一沙，所以波特是一位作家？

阿一沙：是的。

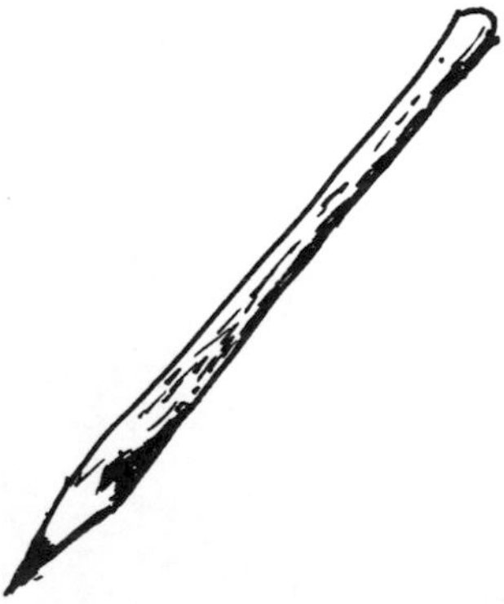

媽媽問我：那這樣妳會寫了嗎？

我聳聳肩：不知道。

其實我也不知道會不會有「奇蹟」發生，因爲對我來說，會寫作就是一種不可能的任務。

於是在隔天五月二日見眞章。坐在電腦面前摩拳擦掌，深呼吸，把波特送給我的筆從胸口拿出來。

咦？奇怪？昨天舊舊髒髒的那支筆，瞬間進升爲閃閃發光的光筆。好吧，再深吸一口氣，開始打字，沒多久就出現整整一大段。

哇！還眞是奇蹟，這不是我寫的，跟之前打的也差太多了吧！

雖然還不能與許多作家相提並論，但這終於是一本「書」了。

眞的太感謝阿一沙，還有神奇的波特了。

我們

最後，阿一沙有一段話送給我們。

阿一沙：孩子，你們都是非常勇敢的靈魂，才會選擇成爲地球人，你們所有的情緒都非常珍貴，因爲是在其他星球上體驗不到的。所以地球牽引著整個宇宙，而你們也會勢必在此成爲宇宙人。

此時我就瞬間成爲一顆光球，周遭一一蹦出親友們，人數越漸越多，最後就連不認識的人，也都圍繞在我身邊。左看右盼只見一片人海山，大家都帶著微笑一同發光，變成顆顆光球，並開始旋轉，轉啊轉，不知不覺就形成一個超大漩渦。我們就像磁粉般，被某種強力磁場給吸引，隨著距離越來越近，終於看見極爲閃耀的金黃色宇宙源頭，最終旋入成爲那「光」的一部分。

此時就很清楚，我的靈體要回家了，正漸漸與身體道別，但想到許多人事未做，於是又把意識叫回，並帶著一份大禮重新進入身體中。

而這份大禮說著：世界上沒有「我」，一直就只有「我們」。

合一是唯一的眞理。

阿一沙就笑笑地說：孩子，現在妳了解其實人並不孤單，因爲你們都帶著我們滿滿的愛，相互連結，一同來到這美麗的星球上，發揮創意，無限創造。在過程中，歷經無數次考驗，可能退縮或受傷，所以忘了這一直都在的事實，但既然只有我們，就無須害怕沒有「愛」了啊。請知道世界只有宇宙人，沒有你我的分別。

這一路以來經由阿一沙的帶領，讓我層層打破眼前障礙，身體也逐漸好轉。從拔掉自責，學會自愛，一直來到更大更廣的世界，才明白地球人是如此重要，直到現在明白只有「我們」這個眞理。

所以至今我才理解，不是只有身體好的那一刻，才能去做事，而是在這一秒，你是否創造了什麼。

我知道痊癒的那天，早就穩穩佇立等著迎接我，所以不論現在是否沈重，都已經不重要了。

阿一沙：是的，孩子，所有生命的起源，不是意外碰撞，而是完美的設定，你們也是如此。帶著我們的期盼與愛，去好好創造這個新世界吧！

是誰在生病？

當身體生病，很多時候不是因爲身體出現問題，生病的現象往往只反應出自己相信什麼？你是否相信了那些不該相信的否定句？這些誤信否定的主人，就是使自己生病的元兇。

所以生病的是我們的「**信念**」，我們否定了自己，或說我們誤信了別人對自己的否定。但世間事哪有對錯，哪有被判定的道理？一個會否定他人的人，只代表他缺乏愛而已。

所以不要被騙了，不要相信任何一個人對你的任何否定，縱使是親人也不行。

只要不枉當下

神：生活就是一種創造，一種會同時回傳給阿卡西紀錄的創造，所以你做的一切，神都知道，神也都認同。

只要我們帶著喜樂的心，去開創、去感受、去遊戲、去經歷，對宇宙和所有高靈而言，祂們只會開心也同時感到滿足。

因爲，祂們早就把創作的權力交到你手上，並且不會給你任何的批判，祂們只有歡欣，只能歡慶。

所以不要再覺得自己沒有資格，自己對不起誰，只要你不枉當下，縱使正在哭泣，縱使感到悲傷，都該爲了自己走到今天的勇氣而驕傲。

身爲人類，宇宙中最勇敢的靈魂們，我敬你！

你也可以救地球

地球中軸正在偏移，海洋快要納不了垃圾，鯨豚的求救聲不絕於耳，我們能做些什麼？就是幫助這宇宙唯一的地球，讓祂的美麗永續。其實你也可以幫上忙，如何幫？簡單透過靜坐，穩定自己身體的中軸，就能同時穩定地球的中軸，就這麼簡單。

你相信嗎？宇宙是一體的，當你越發平靜穩定，地球磁場也能漸趨穩定。當你的身心靈越發平衡，地球健康也同步健康了。

因爲阿一沙說過：「從來就沒有『我』，從來就只有『我們』，親愛的孩子們，我們都是一體的。」

這就是阿一沙要我們不斷強調的事，穩定了自己，我們就成功穩定了地球，穩定了宇宙。親愛的，每一個人的平衡都很重要，每一份給予地球的祝福都很重要，現在是責無旁貸每個人都該靜下來並分享愛的時候。

那個世界的盡頭，沒有別的，只有光和愛。

祝福每一個打開本書看到最後的讀者，無話可贈，唯有**我愛你**。

眾生系列　JP0161

宇宙靈訊之神展開

作者、繪者／王郁惠、張景雯
責任編輯／李　玲
業　　務／顏宏紋

總　編　輯／張嘉芳
出　　版／橡樹林文化
城邦文化事業股份有限公司
104 台北市民生東路二段 141 號 5 樓
電話：(02)2500-7696　傳眞：(02)2500-1951
發　　行／英屬蓋曼群島商家庭傳媒股份有限公司城邦分公司
104 台北市中山區民生東路二段 141 號 2 樓
客服服務專線：(02)25007718；25001991
24 小時傳眞專線：(02)25001990；25001991
服務時間：週一至週五上午 09:30 ～ 12:00；下午 13:30 ～ 17:00
劃撥帳號：19863813　戶名：書虫股份有限公司
讀者服務信箱：service@readingclub.com.tw
香港發行所／城邦（香港）出版集團有限公司
香港灣仔駱克道 193 號東超商業中心 1 樓
電話：(852)25086231　傳眞：(852)25789337
Email: hkcite@biznetvigator.com
馬新發行所／城邦（馬新）出版集團【Cité (M) Sdn.Bhd. (458372 U)】
41, Jalan Radin Anum, Bandar Baru Sri Petaling,
57000 Kuala Lumpur, Malaysia.
電話：(603) 90578822　傳眞：(603) 90576622
Email：cite@cite.com.my

封面設計／周家瑤
內文排版／歐陽碧智
印　　刷／中原造像股份有限公司

初版一刷／ 2019 年 7 月
ISBN ／ 978-986-97998-1-2
定價／ 380 元

城邦讀書花園
www.cite.com.tw

國家圖書館出版品預行編目（CIP）資料

宇宙靈訊之神展開 / 王郁惠，張景雯作 . -- 初版 .
-- 臺北市：橡樹林文化，城邦文化出版：家庭傳媒
城邦分公司發行，2019.07
面；　公分 . --（眾生；JP0161）
ISBN 978-986-97998-1-2（平裝）

1. 聖靈　2. 靈修

242.15　　108010636

廣　告　回　函
北區郵政管理局登記證
北 台 字 第 10158 號

郵資已付　免貼郵票

104 台北市中山區民生東路二段 141 號 5 樓

城邦文化事業股份有限公司

橡樹林出版事業部　收

請沿虛線剪下對折裝訂寄回，謝謝！

|橡|樹|林|

書名：宇宙靈訊之神展開　書號：JP0161

橡樹林文化

讀者回函卡

感謝您對橡樹林出版社之支持，請將您的建議提供給我們參考與改進；請別忘了給我們一些鼓勵，我們會更加努力，出版好書與您結緣。

姓名：＿＿＿＿＿＿＿＿　□女　□男　　生日：西元＿＿＿＿＿年

Email：＿＿＿＿＿＿＿＿＿＿＿＿＿＿＿＿＿＿＿＿

● 您從何處知道此書？

□書店　□書訊　□書評　□報紙　□廣播　□網路　□廣告 DM

□親友介紹　□橡樹林電子報　□其他＿＿＿＿＿＿

● 您以何種方式購買本書？

□誠品書店　□誠品網路書店　□金石堂書店　□金石堂網路書店

□博客來網路書店　□其他＿＿＿＿＿＿

● 您希望我們未來出版哪一種主題的書？（可複選）

□佛法生活應用　□教理　□實修法門介紹　□大師開示　□大師傳記

□佛教圖解百科　□其他＿＿＿＿＿＿

● 您對本書的建議：

＿＿＿＿＿＿＿＿＿＿＿＿＿＿＿＿＿＿＿＿

＿＿＿＿＿＿＿＿＿＿＿＿＿＿＿＿＿＿＿＿

＿＿＿＿＿＿＿＿＿＿＿＿＿＿＿＿＿＿＿＿

非常感謝您提供基本資料，基於行銷及客戶管理或其他合於營業登記項目或章程所定業務需要之目的，家庭傳媒集團（即英屬蓋曼群商家庭傳媒股分有限公司城邦分公司、城邦文化事業股分有限公司、書虫股分有限公司、墨刻出版股分有限公司、城邦原創股分有限公司）於本集團之營運期間及地區內，將不定期以MAIL訊息發送方式，利用您的個人資料於提供讀者產品相關之消費與活動訊息，如您有依照個資法第三條或其他需服務之務，得致電本公司客服。

我已經完全了解左述內容，並同意本人資料依上述範圍內使用。

＿＿＿＿＿＿＿＿＿＿（簽名）

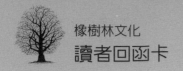